Jutta Lampe
Träumen Suchen Spielen

JUTTA LAMPE

TRÄUMEN SUCHEN SPIELEN

AKADEMIE DER KÜNSTE

Herausgegeben für die Akademie der Künste
Karl-Ernst Herrmann · Regine Herrmann · Dieter Sturm · Ruth Walz

Jutta Lampe

8

II

Botho Strauß WAS MACHT IHR DENN DA?
ÜBER JUTTA LAMPE UND UNSER THEATER

Sie mag nicht allein sein auf der Bühne. Lieber tritt sie auf und gleich in ein schwebendes Verhältnis hinein, ein offenes Spiel mit einem anderen Menschen. Man sieht sich an, wenn man miteinander spielt. Man baut sich nicht an der Rampe auf und erbricht seinen Text. Man streicht wachsam umeinander, läßt sich locken und verwirren, wie es auch unter Kampfpartnern geschieht, die in Öffnung und Deckung einander reizen.

Oberste Spielregel dieser Kunst der gegenseitigen Abhängigkeit: Lernen und Aufschauen, Aufschauen und Lernen von Größerem, das sich immer findet. Man selbst ist so klein mit Hut, sofern man es wagt und überhaupt dazu fähig ist, ein Verhältnis zu eines anderen Vorrang einzugehen.

Unser Theater, die frühe Schaubühne, begann programmatisch mit der Ehrung eines Vorbilds aus ruhmreicher Vergangenheit, deren Stil man im übrigen keineswegs fortzusetzen gedachte. Therese Giehse spielte 1970 *Die Mutter* von Brecht – und gegen Ende der Ära, 1990, war die Fehling- und Gründgens-Schauspielerin Joana Maria Gorvin im letzten Akt vom *Schlußchor* der Gast des Ensembles. Wir waren die letzte Künstlergruppe am Theater, die unbeirrt an Überlieferung glaubte, obgleich sie doch für dies grundsätzlich vergeßliche Medium unmöglich scheint. Doch Lernen und Aufschauen gehörte seinerzeit zum politisch guten Benehmen, die sogenannte Neue Linke blickte zu Greisen auf, Bloch und Marcuse, die Umstürzler des Stadttheaters zu Fritz Kortner.

Das Theater ist nun aber ein Laufsteg. Es lebt von wechselnden Moden, nicht von Geschichte mit Vorlauf und Folgen, jede seiner Perioden bleibt folgenlos.

Es kann an nichts festhalten, und wenn es zu nichts anderem reicht, verspielt es sogar seine Elementarien, seine Grundbausteine, den Schauspieler und den Text, die sich dann kaum noch von Requisitenmaterial unterscheiden. Ja, es wehrt sich bis zur absoluten Beliebigkeit gegen alles, was vorher war, und das nur, um den Lebensnerv – nämlich jene immer wechselnden Moden – nicht zu gefährden. Es verleugnet sich zugunsten der Reportage, der Installation, der billigen Kunstmarktkopie, des Entertainments, des Medienverschnitts. Es gibt keine Kunstform, die auf so fremdbestimmte Weise der Affe ihrer Zeit wäre. Im Prinzip war es wohl nie ganz anders. Achtzig Prozent oder mehr allen Theaterspiels diente seit jeher der Unterhaltung und der Pflege des schlechten Geschmacks. Von Iffland bis Sudermann, vom Rührstück zum postdramatischen Kabarett.

Es gibt in der Theatergeschichte nur wenige und sehr kurze Perioden, in denen Neuerung und Meisterschaft zusammenfielen. Selbstverständlich waren wir Hochperiode. Die Arroganz derer, die nun ab- und zurückgetreten sind, erlaubt kein anderes Selbstgefühl. Was folgte, waren Befreiungsschläge gegen die Klassik der ersten und originalen Nachkriegsjugendlichkeit. Auch Auflehnung hat ihre immer gleichen Floskeln, dazu gehören: ästhetisches Fratzenschneiden, Dekonstruktion und Szene gewordenes Hohngelächter.

Was macht ihr denn da? Mir scheint, ihr habt noch nie einen Menschen von innen gesehen. Wo ist der Glanz? Wo bleibt das Herzklopfen? Wo die Feier? Wo bleibt das Beben des Schweigens, des Entsetzens? So unberaten wie einst jene ›Frau aus der anderen Zeit‹, die Jutta Lampe 1984 in dem Stück *Der Park* spielte, würde sie heute als Schauspielerin durch die Szene des sprach-vergessenen Theaters irren. Es ist die Grimasse der Parodie, die ihr aus dem Fond jedes ernsten Bilds auftaucht. Bei Tschechow etwa – und sie kann es aus Erfahrung beweisen – erreicht man gar nichts, wenn man das Unentschiedene des Gefühls mißachtet. Auf einen bösen unbarm-herzigen Ton folgt ein zarter, liebevoller. Ihr aber seid in jedem Moment mehr als entschieden, ihr habt noch kaum etwas gezeichnet, da ist es schon überzeichnet, und jeder Ton hat sich zur Eindeutigkeit verhärtet – er ist kalt und vernünftig, oder exzentrisch und oberflächlich, aber verfänglich offen und ungewiß niemals.

Es besteht kein Zweifel: Gute, faszinierende Schauspieler gibt es in Hülle und Fülle, und mehr davon in jedem Range als zu unseren schwierigen Umbruchzeiten, da so manches Talent von den Ansprüchen eines sogenannten politischen Bewußtseins gehemmt wurde.
Der Nachwuchs ist üppig, und sein frühreifes Können weit ungezwungener und facettenreicher als seinerzeit. Im Grunde könnte das Theater ein nicht abreißendes Schauspieler-Fest sein. Doch gewinnen diese nur selten die Oberhand auf der Bühne, und wenn, dann handelt es sich oft um schnellfertige Virtuosen, kein Dämon plagt sie und kein in sie vernarrter Regisseur ent-wickelt und betreut sie.
In gewissem Sinn hat die Gründungs-Schaubühne ihrem kollektiven Korpus und Verständ-nis gemäß bereits den Protagonisten eingeschränkt, dem Schauspieler die Aura vertrieben. Er stand von Anfang an in der Mäßigung und Zähmung durch den hochangesehenen Text und eine Regie, die ihn diesen interpretieren ließ. Da es Werktreue am Theater nicht geben kann, insofern bei jeder ernsten Regiearbeit Werk und Szene gemeinsam als ein Drittes neu entste-hen, war der gute Schauspieler am Ende die verkörperte Interpretation. Man kann auch sagen: Er kam nie einsam und unmittelbar mit dem Genie des Werks in Berührung, so daß es sich auf ihn hätte übertragen können. Er bezauberte nicht.
Dafür entstand jene gestische Schönheit der Vermittlung, zuweilen Anmut des Verstehens, die ihrerseits nicht ohne betörende Wirkung blieb. Diesen Stil, der nicht durch äußere Zeich-nung oder Überzeichnung auffiel, hat niemand empfindlicher entwickelt als Jutta Lampe und schließlich in der *Orestie* als Athene zu einem Höhepunkt geführt. Figur gewordene göttliche Vernunft, ganz und gar Maß und Bemessenheit, Klarheit und Geschick, Zartheit und Strenge – so konnte sie den Mächten der Zerstörung gebieten und sie einbinden einer Ordnung, die um das Risiko der Subversion reicher, beweglicher, lebendiger sein würde.

Jutta Lampe war nie eine Diva, nie Publikumsschwarm oder Star – nicht einmal eine *Tatort*-Kommissarin. Genau dazu, beliebig zwischen Medien und Märkten hin und her zu wechseln, um da wie dort kunstlos, ohne Text und Verstand einfach die Jutta Lampe zu geben, fehlt ihr jede schauspielerische Disposition und Sorglosigkeit. Es ist auch nicht der bestechende Glanz, sondern die beständige Helligkeit der inneren und äußeren Erscheinung, die unbedingt den Bühnenraum braucht, um sich zu vergeben und zu behaupten.
Ich erinnere mich an niemanden, der stockender probiert. Der es sich so schwer macht, der keinen Satz auf Anhieb gerade herausbringt, der aus elender Verzwungenheit erlöst werden muß. Sie, die den Regisseur braucht, sucht und fordert, hadert dann auch mit ihm, sobald er nicht alles an ihr sieht und sortiert, was sie auf der Probe zeigt, und weiterhin Gutes aus ihr hervorholt und stetig verbessert, Geburtshelfer und Erzieher der Rolle soll er sein. Zäh und mühsam beginnt der Prozeß des Sicherns und Ausbalancierens, kein kaltes Können hilft. Für heutige Verhält-nisse dauert das alles viel zu lange, ist viel zu problembeschwert. Aber dafür geht auch zuletzt

alles Stockende über in ein beglückendes Schweben, wie es das bloße technische Raffinement niemals erreicht. So wird durch viele Filter und Barrieren jede Spielfigur langwierig von innen nach außen befördert – und bleibt auch im weiteren Verlauf der Handlung von innen gesteuert. Exzentrik, Egomanie, Exaltation kommen nicht vor. Charis und strenges Spiel schließen emotionale Willkür, Seelennudismus und Psychopathisches aus. Denn alles, was mit »Psycho« beginnt, läuft auf Verharmlosung, auf Randerscheinungen jener Abgrundtiefe hinaus, die ein Dostojewski und später ein Bergman noch im ganzen ermaßen und uns spüren ließen. Davon ist ein Nachbeben gekommen auf viele große Schauspieler, die wir im Kino sehen, aber auch auf die Theatergestalt der Jutta Lampe. Man wird sie kaum von den Rändern her agieren sehen, vielmehr führt sie ihre Figuren aus einer vibrierenden, leicht erschütterbaren Mitte den Grenzen und Gefährdungen zu. Ihre Stimme ist stets ein sonderbar unfestes Element in ihrem Spiel. Hören wir eben noch den silbern mädchenhaften, fast singenden Ton, so ist er im nächsten Augenblick um ein jähes Intervall abgesenkt zu einem kehligen, fast plärrenden, zuweilen richtig ordinären Schall. Die schnell wechselnde Stimmlage ist keine Koloraturgeste, sie gehört zum Repertoire der dialogischen Bindungsstärke, die diese Schauspielerin vor so vielen anderen auszeichnet. Ja, in meinen Augen ist es eine Art dialogischer Empirie, die im Zentrum ihrer Kunst steht: etwas unbedingt erfahren wollen vom anderen und gemeinsam mit ihm. Zur Erläuterung mag die vielverwendete Stelle aus den *Maximen und Reflexionen* Goethes dienen: »Es gibt eine zarte Empirie, die sich mit dem Gegenstand innigst identisch macht, und dadurch zur eigentlichen Theorie wird. Diese Steigerung des geistigen Vermögens gehört einer hochgebildeten Zeit an.«

Nun leben wir in einer solchen einerseits sehr wohl – andererseits ganz und gar nicht. Zumal nicht das Theater, das sich zum Reservat für unantastbare Dummheit und Bildungsferne ausrief und anders als Film, Bildende Kunst, Epik keinerlei Impulse an die Zeit mehr abgibt. Aber nehmen wir einmal an, es ginge dort etwas heller zu, dann verstünde man sicherlich das Wort Theorie, das ursprünglich Zuschauen bedeutet, und wüßte es mit seiner Entsprechung auf der Szene, der Anschaulichkeit, zu verknüpfen. Die nämlich gewinnt der Schauspieler, sobald er jenes zarte Erfahrungswissen verwendet, um seine Rolle zum »innigsten« Gegenstand zu machen, ohne sich dabei um einen einzigen Brechtschen oder multimedialen oder trash-ideologischen Millimeter von ihr zu entfernen. Mit einem Wort, es ist Jutta Lampes herausragendes dialogisches Talent, das uns, den Autor und die Schauspielerin, so nahe zusammenbrachte.
Dieser Autor hat sich nie eingebildet, ein gestandener Dramatiker zu sein. Immer an den Jahren entlang, in den wechselnden Zeit-Fenstern lehnend, den wechselnden Oberflächen, Belangen, Interessen hörig, hat er im selben Zeitraum, da die Miniaturisierungsprogramme der Halbleiterindustrie fortschritten, in seinen Stücken eine vergleichbare Miniaturisierung dramatischer Konflikte verfolgt. Dazu hat er sehr unterschiedliche szenische Anordnungen entworfen, deren Personal sich untereinander verfing und verwickelte, sich vor und zurück, auf und nieder bewegte, ohne dabei je eine solche Fallhöhe zu erreichen, die notwendig zum Drama gehört.
Wenn das Theater eine Zeitlang solche Stücke akzeptierte, die weder Drama noch gutgemachte Komödie waren, dann hatte das vor allem mit der Lust und Neugier von Schauspielern zu tun, sich unerprobter, wenn auch originär theatralischer Mittel zu bedienen. Jutta Lampe jedenfalls verfügt gleichsam über ein hochentwickeltes Know-how im Umgang mit dieser Technik, komplexe Situationen anstelle von Entwicklungs-Prozessen zu spielen. Ein Geschick, das sich ausgebildet hat im Laufe von immerhin sechsunddreißig Jahren, in denen sie in acht oder neun dieser Stücke nicht einfach auftrat, nicht einfach die Hauptrolle spielte, sondern wo sie

das ganze System belebte und innervierte – wenngleich unter dem stets wiederholten Stöhnen und Murren, daß das doch eigentlich gar nicht zu spielen sei. Es hat ihr immerhin den ein oder anderen Triumph gebracht. Je schwieriger die Partitur, um so souveräner war am Ende ihr Spiel.

Genau genommen, hat uns nicht das dialogische Prinzip zusammengebracht, sondern ein Theaterbesuch in frühster Jugend. Mit Dankbarkeit gedenke ich der Kunstbegeisterung meines damaligen Gymnasiallehrers, der mir den ersten Geschmack bildete für Theater, und nur für ein solches mit Manier und Gebärde, für Oskar Werner und seine Melodie und nie für kritisch Nüchternes. Ihm nahm ich alles ab und ahmte ihn nach, ob er nun Verlaine rezitierte oder mir die Südstaaten-Laszivität einer Tennessee-Williams-Figur vorzauberte – es führte zu der festen und dauerhaften Überzeugung, daß Begierde nur durch Theater und Theater nur durch Begierde groß und schön wird.

Ein Bus wurde gemietet und die Interessierten aus der Klasse fuhren mit ihrem Lehrer über den Taunus nach Wiesbaden. Dort gab man im Kleinen Haus des Staatstheaters *Die Glasmenagerie* von Williams, es muß zu Beginn der sechziger Jahre gewesen sein, denn Jutta Lampe, die Laura mit hinkendem Fuß, war tatsächlich noch das grazile Mädchen, dessen Erscheinung und Typus sie zeitlebens bewahrte. Ich verlor mich in diese unglückliche Außenseiterin, diese allzu eingängige Metapher von der fragilen Künstlernatur – »zu erlesen und zu zerbrechlich«, wie es in der Bühnenanweisung hieß, um dem Leben und der Liebe gewachsen zu sein. Ich habe von allen Theaterfreunden, bevor sie je von Jutta Lampe hörten, sie als erster auf der Bühne gesehen! Und diese schöne Fragile schimmert wie eines ihrer Glastiere für mich und nur für mich auf dem Grund fast aller Rollen, die ich später von ihr sah – oder gar selber für sie schrieb. Das ist zweifellos ein Handicap, eine Befangenheit, denn von diesem Initialmuster sind ihre großen Rollen nun weit entfernt. Aber so ist es nun mal mit allem Ersten, man hat keine Wahl, und das Trivial-Gefühlige geht dem Heranwachsenden allemal tiefer ein als das spröde Edle.

Sie mag zwar nicht allein sein auf der Bühne, doch gehören zu ihren unvergeßlichen Abenden mindestens drei Solopartien – die wunderbare androgyne Gestalt Orlando in einer Bühnenadaption von Virginia Woolfs Roman. Dann die Abgeirrte der Wiedervereinigung, die nachts im Zoo ins Adlergehege einbricht, im letzten Akt des *Schlußchors*. Und schließlich – vollendet allein – die gäisch vereinnahmte Beckettsche Winnie, die lustige Witwe des ganzen erloschenen Menschengeschlechts, die ihren Rest ausschließlich in glücklichen Tagen zählt. Bis zum Kinn in Erde gefaßt, mußte sie bei dieser Partie auf eine für sie charakteristische Geste verzichten, geradezu ein Kennzeichen, das sich sonst in jeder Rolle durchsetzt: es ist der Zeigefinger der rechten Hand, den sie aufrichtet, nicht etwa drohend erhebt, sondern zur erotischen, politischen, grundmenschlichen Belehrung einsetzt, ein Emblem der sinnlichen Strenge, das die Rede begleitet: der Alkmene, der Kleistschen Natalie, der Athene – vor allem aber dazu dient, dem Mitspieler zu bedeuten: Das hier ist unsere Angelegenheit, wisse, merke, achte.

Folglich wird er nur innerszenisch verwendet und zeigt niemals, wie das ganze Spiel nicht, aus der Identität hinaus. Wenn die Schaubühne zur Bühne der Show wird, überwiegend von Extravertierten bestritten, die jeder für sich theatern anstatt miteinander zu spielen, dann wird das Publikum keinen Sog in die Tiefe des Kastens, ins Dunkel einer menschlichen Begebenheit oder Passion verspüren. Den nach innen, in den Hintergrund ziehenden Raum erzeugen nur Schauspieler, die sich im Schwerpunkt ihrer Rolle aufhalten. Aus solcher Mitte heraus auf der Bühne eine große Stärke zu gewinnen, bedeutet nicht selten, im privaten Leben eher Einbußen hinnehmen zu müssen, da sich ein vergleichbares Zentrum nicht ein zweites Mal findet. Jutta Lampe hat draußen im Alltag nie nach künstlichen Stützen oder Surrogaten gesucht. Weder konvertierte sie zum Katholizismus noch ist sie eine prominente Tierschützerin geworden, ja nicht einmal revolutionäre Handzettel hat sie seinerzeit an die Frühschicht der Borsigwerke verteilt. Wohl tut ihr hingegen einige Geselligkeit, der Umgang mit Freunden und Liebhabern, doch im Grunde führt alles draußen Erlebte wieder ins Nichts der wandelbaren Bühnenperson: Du bist niemand, sonst wärst du keine große Schauspielerin.

Und die ist sie in vielen Fächern: effektsichere Komödiantin und Hüterin der strengen Form, gläsern zerbrechlich und expressiv sentimental, hier die Deviante, Verwundete, Abgeirrte, dort die extravagante Kunstfigur, artifiziell gerüstet bis in die Fingerspitzen. In Mythen-Begriffen würde man sagen: eine Schaum- und Kopfgeburt, gleichermaßen aus Vernunft und Sinnlichkeit entsprungen. Bei aller Magie des Umrißhaften zählt und wirkt mehr, als man mitbekommt, das Feingearbeitete im Detail, verfangen die Zeichen und die Nuancen.
»Wer kann das spielen?« fragt sich der Autor, nachdem er eine Rolle entwarf, die Kontrolle über viel Komplikation und viel Affekt verlangt. Wer kann sie spielen? Nur Jutta wird es können, die hohe Artistin der Nuance.

Nun, wir haben unser Spiel gespielt. Man blickt zurück. Das alte Theater, wie sie uns jetzt nennen. Aber alt ist das Theater nur, wenn es nicht uralt ist. Wenn es nicht an seine Elemente rührt und irgendeine Art von Schauder erregt, wie das vergleichbar kein anderes Medium kann, indem es nämlich als Medium in einem früheren Wortsinn, als Medium für nicht alltägliche Anmutungen dient. Der Schauder im übrigen dringt bei Bedarf durch jeden Tag, jede Mode, jeden Stil. Außer durch den Panzer des zynischen Ulks.
Noch gilt das Gesetz der Periode, nach dem jeder seine Zeit hat auf der Bühne und dann spurlos von ihr verschwindet. Daß dem so ist, zeugt womöglich von der unangegriffenen Gesundheit des Theaters (wobei Gesundheit andererseits nicht zu den Voraussetzungen großer Kunst gehört). Ablösung muß sein um jeden Preis, selbst wenn auf das Bessere das Blödere, auf das Größere das Gröbere folgt. Wäre es anders, dann gäbe es ein Theater als Gedächtnis, ein Panoptikum der seligen Wiedergängerei. Und noch einmal träte Jutta Lampe aus den Wirren des *Parks* hervor, dieser aus dem *Sommernachtstraum* sich endlos fortsetzenden Metamorphose, erschiene uns wieder als jene ›Frau aus der anderen Zeit‹, die wie ein gefangener Vogel unter den Gegenwartsmenschen weilt. Stumm und steif steht sie in ihrem altmodischen Kostüm, wird von jugendlichem Gelichter angerempelt und, wie es im Text heißt, als »Vergangenheitsschreck«, als »Damals-Tante« verhöhnt. Aber es genügt eine leichte Berührung, sie legt einer Rocker-Braut bloß die Hand auf den Scheitel und das Mädchen stammelt mit schmerzverzerrtem Gesicht, als wäre eine unerträgliche Energie durch ihre Glieder gefahren: »Das kam von oben.«
Denn die Frau aus der Vergangenheit war ja die in ein menschliches Kostüm gefesselte Göttin Titania.

Leider besitzt unser Gestern keine übermenschlichen Kräfte. Es blieb im Gegenteil abgebrochen und unfertig zurück; vieles wäre noch zu tun, vieles wurde noch nicht ausprobiert, eine ganze Schar von ungeprüften Spielfiguren drängelt hinter den Kulissen und wartet auf ihren Auftritt. Ich fürchte, sie werden sich gedulden müssen. Gegenwärtig würden sie wohl zur Unzeit auftreten. Und wer zur Unzeit kommt, ist nirgends gern gesehen. Es dauert noch ein bißchen. Doch dann – um in die Schlußworte von Grillparzers Libussa einzustimmen:

Dann kommt die Zeit, die jetzt vorübergeht,
Die Zeit der Seher wieder und Begabten. (…)
Bis dahin möcht' ich leben, gute Schwestern,
Jahrhunderte verschlafen bis dahin.

Anstelle der Seher genügten uns Inspirierte und Phantasten, Träumer und Entdecker. Und die
Begabten sollten nicht bloß Hysteriker oder kalte Könner sein.
Aber muß es wirklich so lange dauern?

Jutta Lampe

BOEING-BOEING

Lustspiel in 3 Akten von Marc Camoletti
Deutsch von Elisabeth Cordier und
Annelie Hohenemser
Bearbeitung: Peter Loos

Inszenierung: Horst Loebe
Bühnenbild und Kostüme: Manfred Miller

Bernard	Jens Scholkmann
Jacqueline	Iris Erdmann
Janet	Jutta Lampe
Judith	Barbara Buri
Robert	Hans Peter Hallwachs
Berthe	Deli Maria Teichen

Pause nach dem 2. Akt

Technische Leitung: Karl Kronberg — Beleuchtung:
Hermann Burmeister — Kostümausführung: Ludwig
Badziong — Masken: Johann Kettner — Ton: Welf
Ankenbrand — Regieassistent: Martin Sperr —
Inspektion: Wolfgang Löwe — Souffl.: Hanna Larsen

Aufführungsrechte: Thomas Sessler, München

Herausgegeben vom Theater der Freien Hansestadt
Bremen G. m. b. H. Generalintendant Kurt Hübner
— Chefdramaturg Thomas Valentin — Redaktion und
grafische Gestaltung: Jürgen Fischer — Mitarbeite-
rin: Astrid Windorf — Druck B. C. Heye & Co.,
Bremen — Klischees Willy Gittel, Bremen — Anzei-
genverwaltung Karl Heinz Krebs Wirtschaftswerbung
Bremen, Am Markt Nr. 11, Telefon 32 10 13 / 14

21

22

ELEONORA DUSE · Spielen? Was für ein häßliches Wort! Wenn es darum ging, bloß zu spielen, so weiß ich, daß ich nie spielen konnte, noch daß ich je werde spielen können. Jene armen Frauen meiner Komödien sind mir so in Herz und Kopf eingegangen, daß ich, während ich mich mühe sie, so gut es eben geht, jenen, die mir zuhören, verständlich zu machen, so als wollte ich sie trösten – so sind sie es, die mir leise, leise am Ende Trost bringen! … Wie und warum und von wann an mir dieser liebevolle Austausch geschieht – unerklärlich und unwiderleglich, zwischen jenen Frauen und mir … das wäre zu lang und zu schwierig, um es genau zu erzählen. Tatsache ist, während alle jenen Frauen mißtrauen, verstehe ich mich sehr gut mit ihnen! Ich schau nicht, ob sie gelogen haben, ob sie verraten haben, ob sie gesündigt haben, ob sie pervers geboren sind; wenn ich nur fühle, daß sie geweint haben, daß sie gelitten haben, um entweder zu lügen oder zu verraten oder zu lieben … ich stehe mit ihnen und für sie. Stöbere und stöbere in ihnen; nicht aus einer Leidenssucht heraus, sondern weil das Mitleid der Frau größer, differenzierter ist, und weil es süßer und vollkommener ist als das Mitleid, das einem die Männer gewähren.

An den Marchese d'Arcais, September 1883

CHRISTIAN MEIER · »Schauspieler gewinnen die Herzen und geben die ihrigen nicht hin; sie hintergehen, aber mit Anmut.« So hat der alte Weimarer Theaterdirektor in seinen *Maximen und Reflexionen* befunden. Eigentlich hätte er es ja wissen müssen. Aber, woran immer es ihm, von heute gesehen, sonst noch gemangelt haben mag, jedenfalls hat er, und gewiß zu seinem Unglück, Jutta Lampe nicht gekannt. Denn man kann vieles aufzählen an Eigenschaften, Techniken, Künsten, über die sie verfügt. Kann Akzente setzen auf dies und jenes, wodurch sie sich besonders auszeichnet. Könnte, wenn denn Platz dafür wäre, auch einige ihrer schönsten Rollen nennen. Auch bietet die deutsche Sprache vieles, um auszudrücken, was für eine bezaubernde, wundervolle, große Schauspielerin sie ist. Aber wenn man es in einem Wort haben will, dann muß man wirklich sagen, daß sie Rolle für Rolle, wenn nicht gar Aufführung für Aufführung nicht nur all ihren Verstand, ihr Gefühl, ihre Erfahrung und was sonst es sein mag, sondern eben ihr Herz hingibt – an die Person, die sie spielen, die sie werden soll.

Peter Iden · JUTTA LAMPE ZEIGT DIE ERSCHÖPFTE INTROVERSION EINES SYSTEMS

Da saß dann Jutta Lampe, die Leonore von Este, ganz vorn am Plexiglas-Rahmen der Bühne, von Stein gleichsam nach vorn abgestellt, in einer Wartehaltung exponiert. Es war die Szene, von der ich, mit ihrer Rezeption befaßt, gern hätte mitwissen mögen, wie die Lampe sie sich allmählich geschaffen hatte.

Ich habe auf der Bühne keine Einstellung und keine Leistung eines Spielers gesehen, die mir stärker gefährdet schien als diese: die Vorführung einer Figur, die, aus dem Spiel herausgenommen, weiterspielt, so lange ausschwingt, bis sie in das Spiel mit den anderen wieder hereinwechselt. Aus der Bewegung ihrer Szenen vorher jetzt reduziert auf einen Stillstand, auf einen zusammengesunkenen Körper, auf die Sekundenspiele ihrer Hände manchmal: man konnte da lernen, wie die Rolle dieser Leonore, vielmehr als die der Gräfin Sanvitale, jene imgrunde statische, in sich selbst erschöpfte Introversion eines Systems bezeichnet, als dessen Resultat Bruno Ganz den Tasso dann dargestellt hat. Jutta Lampe hatte darum für diese Aufführung mehr zu tun als Edith Clever – ihr Spielraum war enger. »Gar wenig ist's, was wir von dir verlangen« – Leonores Bitte an Tasso will nur dieses Stillhalten in enger Welt, deren Verfall sie als schönen Zustand selber zeigt. – Lange hat mich keine Darstellung so sehr an das Theater fixiert wie die der Lampe in dieser Rolle. Die Außerordentlichkeit des Kunstprodukts, das sie da hergestellt hat, zwingt ihren Zuschauer, noch ehe er sich wohl ganz darüber klar wird, auf die Frage: wie das entstanden ist. An der, in einem Balanceakt sich realisierenden Künstlichkeit dieser Figur, nachweisbar bis in jedes Detail von Intonation und Gestus, wurde auch einsehbar, warum wir das Theater vielleicht brauchen. Nicht als Tribunal oder als Sandkasten für vorrevolutionäre Etüden, sondern als Mittel für Verwandlungen, die, indem sie als das Ergebnis von Arbeit erkennbar werden, die Arbeit der Verwandlung beschreiben.

Einige Wochen nach der ersten Aufführung des *Tasso* in Bremen sah ich Jutta Lampe wieder. An einem windigen Tag im Frankfurter Karmeliter-Kloster, sie kam mit Stein und Ganz zu einer Pressekonferenz anläßlich des *Tasso*-Gastspiels. Ein blasses Mädchen, ziemlich schmal und ziemlich verfroren. Abends dann, im Frankfurter Theater, reagierte das Publikum so eigenartig anders auf die Inszenierung als die Leute in Bremen, daß die Aufführung ihre Balance verlor. Die Spieler reagierten auf Reaktionen, und die Aufführung verrutschte nur sehr wenig, kaum zu sagen, in welchen Einzelheiten. Aber die minimale Veränderung, mit der sie fast zerbrach, machte noch deutlich, auf welch schmalem Grat sie sich ereignet. An der Veränderung hatte auch die Lampe teil. Sie wußte das, in der Pause, hinter der Bühne. Und wer da, wo Kritiker selten hinkommen, mit ihr sprach, spürte, daß jede Wiederholung dieser Leonore beinah alles noch einmal verlangt. Da war plötzlich nichts mehr nur repetierbar, Routine keine Hilfe. Das Außerordentliche gelang nicht auf Abruf. Und bestätigte sich darin. – Ich habe keine, mich selbst mehr belehrende Erfahrung machen können.

Lieber, lieber, verehrter Kurt!

Was wäre wohl aus mir geworden, wenn Du mich in Wiesbaden als Miss Sarah Sampson nicht gesehen hättest und in Dein Bremer Theater geholt hättest. Ich denke und frage mich das oft! Ich hätte wohl nicht so deutlich erfahren dürfen, wohin sich das Theater damals bewegte; aber ich durfte es erleben, denn Du hattest eine große, wunderbare Intuition und einen Geruch für junge Begabungen, Schauspieler und Regisseure. Unter ihnen war Einer, der dann mein Leben bestimmte und meine Entwicklung als Schauspielerin. Du weißt es; und so darf ich Dir sehr dankbar sein und meinem Glück, denn es sind immer Menschen, die wichtig sind in unserem Leben. Ich denke und wünsche es Dir von Herzen, daß Du auch froh und dankbar auf Dein Leben schaust.

Ich wünsche Dir das Beste!!!

Deine Jutta

32

III

und Entsprechendere zu finden.

Zur Frage 10: verweise ich
auf den Pariser einschütz.

Zur Frage 11:

In der Szene, in der Tasso sein
Werk abliefert, betrachte ich
als Prinzessin, (also zur Gesellschaft
schörend,) den Tasso wohlwollend
wie ein eigenartiges, schönes
Tier, das fasziniert und
zugleich befremdet.

Zur Frage 12:

Meine Einstellung zu der Figur
der Prinzessin war bei anfänglicher
Beschäftigung nicht so negativ,
wie sie es im Laufe der Arbeit
geworden ist. Mir schien die
Prinzessin die einzige zu sein,
die den Tasso versteht. Im

Verlauf der Proben sah ich die
Grenzen ihres Verstehens. Auch
ihre Krankheit habe ich
durchaus ernst genommen.
Inzwischen halte ich die
Verhaltensweisen der Prinzessin
für gefährlich. Sie sind mir
nicht unbekannt, und ich
glaube, daß viele Menschen
dieser Gefährdung, nämlich
der Flucht u. Angst vor Entscheidungen, ausgesetzt sind.
Die Flucht der Prinzessin
ist ihre immer wieder kehrende
Flucht in ihre Krankheit,
obwohl sie ja nicht mehr
krank ist. Aber das Leiden
ist ihr „von Jugend auf" vertraut.
Sie liebt u. genießt es, sie macht
es sich schön u. groß. Diese

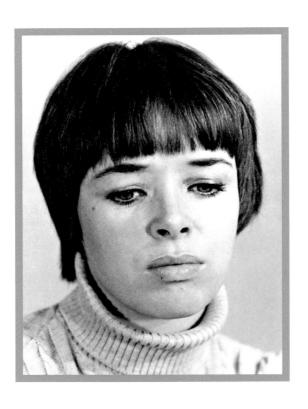

PETER STEIN · Ich meine, daß die Grundvoraussetzung für alle Schaubühnenarbeit zunächst einmal eine Art Zweifel ist (der auch Ausgangspunkt für die gesamte Neugründung der Schaubühne war) – ein Bezweifeln und Befragen der theatralischen Mittel sowie der Inhalte, die man im Theater behandelt. Dieser Zweifel erfaßt nicht nur so banale Dinge wie die Organisationsstruktur eines Theaters oder wie die Stücke oder die Stückthemen, die man zu spielen trachtet, sondern er umfaßt auch das eigene Verhältnis zum Job, zum Beruf, der immer wieder in Frage gestellt wird. Diese Infragestellung ist keine Selbstquälerei, sondern eine Quälerei, die einem von außen aufgedrängt wird, weil die Tätigkeiten von Schauspielern und Theaterleuten alles andere als erfreulich sind und auch alles anderes als – zunächst einmal – wichtig. Und dementsprechend macht ein solcher Zweifel natürlich auch nicht vor den eigenen Ausdrucksmöglichkeiten halt. Die eigenen Ausdrucksmöglichkeiten werden angezweifelt in der Ernsthaftigkeit ihrer Durchschlagskraft, in ihrer Bedeutung für andere und für Zuschauer, in ihrer gesellschaftlichen Relevanz, mit anderen Worten, in der Bedeutung, die eine solche Tätigkeit für den eigenen gesellschaftlichen Zusammenhang hat. All das als Voraussetzung für eine Probe zu haben ist typisch für die Schaubühne und nicht unbedingt sehr produktiv. Und wir alle haben immer wieder versucht zu sagen: »Wir probieren es trotzdem.« Aus zwei Gründen: Erstens, weil man den Beruf als solchen, das Theaterspielen, für unheimlich wichtig und für »libidinös besetzbar« hält. Zweitens, weil man auch oft im tiefsten Innern davon überzeugt ist, daß diese Tätigkeit etwas für den gesellschaftlichen Zusammenhang Wichtiges darstellt, zumindest in der Form, daß man da etwas an menschlicher Tätigkeit bewahrt und aufhebt, das normalerweise in den Zeitläuften oder gesellschaftlichen Zusammenhängen, unter denen wir leben, gefährdet oder vom Aussterben bedroht ist. Trotz der Anzweiflung oder Selbstbezweiflung unserer Arbeitsweise und unserer Spielweise wollen wir etwas damit anfangen. Und dann fangen wir an, und fangen ziemlich skrupulös und kompliziert an. Wir benutzen viele Hilfsmittel, die vielleicht andere Schauspieler und Theaterleute nicht benutzen, da sie nicht die Notwendigkeit sehen, sie zu benutzen, wie Lektüre, literarische Studien, wissenschaftliche Arbeiten, politische Überlegungen, Filme, Bilder usf. – eigentlich ganz normale Dinge, nur wird das bei uns relativ heftig und extensiv gemacht. Dann, auf der Probe, fangen wir an, uns einen Ruck zu geben und Dinge, die man begriffen oder eingesehen oder geahnt hat, mit dem Körper zum Ausdruck zu bringen und dazu ein paar Bewegungen zu machen. Das fällt dann sehr schwer. Nur ist dieser Vorgang in keiner Weise standardisiert, vielmehr macht das jeder einzelne natürlicherweise mit seinen persönlichen Möglichkeiten, und daher kommt es dann, soweit es die Spielweise betrifft, zu den allerunterschiedlichsten Ergebnissen. Diese Verschiedenheit wird allerdings dadurch zusammengehalten, daß die Arbeitsweise gemeinsam ist, aber die Spielweise, die dabei als Ergebnis herauskommt, ist ganz unterschiedlich und divergierend. Die einen sprechen so, die anderen so; die einen hüpfen so, die anderen haben mehr Vergnügen am Spaßmachen. Meine Tätigkeit besteht darin, diese sehr unterschiedlichen individuellen Ansätze und Persönlichkeitsstrukturen zu einem Ergebnis zusammenzufassen.

DIETER STURM · Ein stetig arbeitendes Ensembletheater, dafür muß es einen solchen Raum des Vertrauens und wechselweise voneinander Lernens geben. Gut, Bewußtseinsprozesse ist ein großes Wort. Ich habe durch viele Jahre einer gewissen Erfahrung in dieser Hinsicht gelernt, diese Worte möglichst mit einem schweigenden Ton in der Stimme zu sagen. Aber es ist in der Richtung, in der Sie das meinen, schon wahr – es gehört eine bestimmte Form von Einübung auf die gemeinsame Aufgabe und in das Miteinander der Arbeit über eine gewisse Zeit, ausreichende Zeit, auch im Sinne der Einbeziehung des ganzen Menschen, von seinen gemütvollen Aspekten, seinen zerebralen Erlebnissen und seinen körperlichen Möglichkeiten, also des ganzen Menschen hinzu, um so etwas auf die Dauer zu konstituieren. Auch um die nötige, sozusagen sekundäre Naivität zu schaffen, die nur in einer gewissen Ruhe und in einer gewissen Sicherheit entstehen kann.

Die gegenwärtige Tendenz ist natürlich eine ganz andere, keineswegs nur am Theater – auch hinsichtlich der Beschäftigungschoreographie von Menschen in einer Gesellschaft des vielfältigen Übergangs, um mich so vorsichtig, nämlich im Bewußtsein des Nichtwissens aller Prozesse, auszudrücken. Es ist die Erziehung zu größtmöglicher Flexibilität, zu größtmöglich schneller und oberflächlicher Wandelbarkeit, der Möglichkeit einer universellen Anpassungsakrobatik im positiven, also im aktiven Sinne, wie auch im umgekehrten Sinne. Und da wird es auch für das Theater und sein Publikum interessant, nämlich im Sinne einer dauernden Anteilnahme am Reiz einer jeweils genuinen oder scheinbaren Neuheit, des sich sprunghaften und plötzlichen Umorientierens von dem, was man für sich selbst anregend oder auch nur spaßhaft, reizvoll in einem intellektuellen oder im künstlerischen Sinne hält. Kurzum, das Gesetz der schnellen Variationen und auch die Simulation eines dauernden sich Änderns spielt eine konstituierende Rolle und das ist natürlich der Stetigkeit, die notwendig ist für ein solches Theater, das in einiger, nicht so großer, aber einiger Ruhe für einige Zeit arbeiten muß, in einem gewissen Sinne feindlich. Und das reicht natürlich in die Seelen aller Beteiligten hinein, weil wir alle Kinder dieser selben Zeit sind und uns höchstens in dem Grade unterscheiden, wie wir darüber nachdenken und wie wir uns demgegenüber zu verhalten vermögen.

48

ELEONORA DUSE · Eine Zeit liebte ich meine Kunst, weil sie mir einige Augenblicke des Vergessens aller Leiden brachte – jetzt – liebe ich sie, weil sie mich nichts mehr fürchten läßt, weder die Erinnerung des Gewesenen, noch das Leiden der Gegenwart.

An Adolfo de Bosis, Florenz, September 1906

JUTTA LAMPE · Ich habe es mir lange nicht so deutlich eingestehen können, aber ich glaube mittlerweile, daß ich zum Theater gegangen bin, um zu leben. Leben auf dem Theater in verschiedenen Rollen. Auf der Bühne das erleben dürfen und sein dürfen, was ich glaubte, im Leben nicht zu dürfen. Theater als Lebensersatz! Ich weiß nicht, ob es schlimm ist oder verwerflich, aber ich weiß inzwischen, daß es nicht ganz ungefährlich ist, wenn man es mit zu großer Ausschließlichkeit betreibt. Selbstbestätigung ausschließlich aus dem Beruf, ausschließlich aus dem Erfolg? Man muß rechtzeitig lernen, dagegen etwas zu unternehmen.

49

RIESELFELDER

BOTHO STRAUSS · In den ersten Minuten dieser Aufführung von Gorkis *Sommergästen* sieht sich der Zuschauer mit einem Mal dreizehn fremden Menschen gegenüber, ziemlich in seine Nähe gerückt und doch alles andere als ihm zugewandt: ohne jede Umschweife beginnen alle sich in ihre privaten Auseinandersetzungen und Annäherungen zu vertiefen, und der Zuschauer weiß eigentlich nicht so recht, worum es geht … Die Aufführung bietet an, eine Reihe von Menschen kennenzulernen, ebenso wie man wirkliche Menschen kennenlernt in einer Gesellschaft, wo die flüchtigsten Kontakte die hartnäckigsten Mutmaßungen und Phantasien über die betreffenden Personen wachrufen. Und in diesem Durcheinander von Beobachtung und Einbildung entstehen bald Augenblicke der Entkräftung, in denen man jeden sicheren Wahrnehmungshalt verliert und die nächste Umgebung wie eine ferne Erscheinung empfindet.

Auf der Bühne erscheinen Leute aus einer vergangenen Zeit – der älteste von ihnen muß ungefähr um die Mitte des vorigen Jahrhunderts geboren sein –, sie gehören in ein fremdes Land, ihre moralischen und intellektuellen Anschauungen scheinen völlig überholt zu sein, und selbst ihre politisch-radikalen Äußerungen klingen für den heutigen Sprachgebrauch verschwärmt. Aber so, wie ihre Kommunikation sich bewegt, das ist plötzlich auf unmittelbare Weise bekannt. Es entsteht eine Art Realismus, der sich eher aus dem Diskurs als aus der Psychologie der einzelnen Figuren entwickelt.

Eine solche Methode ließ sich an keinem anderen Stück Gorkis besser ausprobieren als an *Sommergäste*, dessen Dramaturgie vielleicht unvollkommen sein mag, sich allzu oft mit Tschechow-Mitteln herumplagt und doch in ihrer unebenmäßigen Gestalt eine große Kühnheit gewinnt: ein Stück, das eigentlich aus einem unablässigen Kommen und Gehen, einem einzigen großen Stimmenwirrwarr hervorgeht.

JUTTA LAMPE · Die Rußland-Begeisterung ist bei uns durch Tschechow entstanden, durch die Menschen, durch das russische Theater, durch die russische Literatur. Es war sehr bewegend zu erleben, wie sehr die Menschen dort mit ihrer Literatur leben, mit ihrem Theater. Als wir dort im Mchat-Theater spielten, dem Theater von Stanislawski, gab es keine Übersetzung, das Publikum kannte seinen Tschechow. Die Menschen waren sehr begeistert über unsere Aufführung und sagten uns später, es sei unglaublich, daß eine deutsche Schauspieltruppe ihnen zeigen müsse, wie Tschechow gespielt werden sollte. Zur Zeit des Kommunismus waren die Stücke von Tschechow wohl sehr verändert worden. Als wir dieses Publikum ein bißchen kennenlernten, mit russischen Theaterleuten sprachen, eingeladen wurden, erlebten wir Menschen, die, wie bei Tschechow, immer wieder sich die Frage stellten, wie man leben solle, was der Sinn unseres Lebens sei. Es wurde viel philosophiert, viel getrunken und gegessen; eine große Gastfreundlichkeit! Das war es, was Peter Stein besonders bewegte, daß diese Menschen immer wieder für sich nach dem richtigen Leben suchten und nicht nach dem schnellen Geldverdienen und dem tollsten Job. Dem zugrunde liegt wohl auch die tiefe Religiosität dieses Volkes. …

Bei den Aufführungen in Moskau gab es zwischen uns auf der Bühne und dem Publikum einen magischen Moment. Irina bekommt zu ihrem Namenstag einen Brummkreisel. Jemand setzt ihn während des Feierns in Bewegung. Alle hören das Brummen des Kreisels, alle versammeln sich um dieses drehende Ereignis, alle werden still, und jeder hat seine Erinnerung an die eigene Kindheit. Dieses Gefühl verbreitete sich in das Publikum hinein, und plötzlich waren das Publikum und wir Tschechow-Menschen auf der Bühne verbunden durch ein gemeinsames Erlebnis. Ich werde es nie vergessen.

KONSTANTIN S. STANISLAWSKI · Die Bedeutung des *körperlichen Lebens* der Rolle beruht außerdem noch darauf, daß es für das schöpferische Gefühl zu einer Art Akkumulator werden kann. Das innere Erleben ist der Elektrizität vergleichbar. Wenn man es in den Raum hinausschleudert, fliegt es auseinander und verschwindet; aber wenn man das *körperliche Leben* der Rolle damit sättigt, wie einen Akkumulator mit Elektrizität, dann verstärken sich die durch die Rolle hervorgerufenen Emotionen in der gut empfundenen physischen Handlung. Sie zieht und saugt die Gefühle, die mit jedem Moment des körperlichen Lebens verbunden sind, in sich hinein und fixiert dadurch die unbeständigen, sich leicht verflüchtigenden Erlebnisse und schöpferischen Emotionen des Künstlers. Dank dieser Behandlung werden die fertigen, kalten Formen des *körperlichen Lebens* der Rolle mit innerem Gehalt erfüllt. Bei dieser Verschmelzung kommen die beiden Seiten der Rolle, die physische und die psychische, einander näher. Die äußere Handlung und das *körperliche Leben* erhalten dabei vom inneren Erleben her Sinn und Wärme, und das innere Erleben findet im *körperlichen Leben* seine äußere Verkörperung.

KONSTANTIN S. STANISLAWSKI · Nach der ersten Lesung begann die Regiearbeit. Zunächst organisierte Dantschenko wie gewöhnlich den literarischen Teil, während ich, wie üblich, eine bis ins einzelne gehende Bühnendisposition schrieb:

Wohin und warum dieser oder jener »Gänge« auszuführen hatte, was er fühlen, tun, wie er aussehen müsse und so weiter.

Die Schauspieler arbeiteten angestrengt, und deshalb war das Stück bald so weit durchgeprobt, daß alles klar und verständlich war. Trotzdem hatte das Stück keinen Klang, lebte nicht, schien schleppend, breit und langweilig. Irgend etwas fehlte ihm. Wie aufreibend ist es, dieses Etwas suchen zu müssen, ohne eine konkrete Vorstellung davon zu haben. Alles war fertig. Man hätte das Stück ankündigen können; doch wenn man es in dem Zustand, in welchem es jetzt auf dem toten Punkt stehengeblieben war, herausgebracht hätte, wäre es sicher kein Erfolg geworden. Und dabei fühlten wir sehr genau, daß alle Voraussetzungen für einen Erfolg vorhanden waren, daß das Stück »stand« und nur eben dieses magische gewisse Etwas fehlte. Wir trafen uns, probten angestrengt, verzweifelten, trennten uns, und am nächsten Tag wiederholte sich genau dasselbe, wieder ergebnislos.

»Meine Herren, das kommt alles nur daher, weil wir zu sehr klügeln«, entschied plötzlich jemand. »Wir spielen die personifizierte Tschechowsche Langeweile, seine Stimmung; wir ziehen alles in die Länge, dabei müssen wir den Ton heben, in flottem Tempo spielen wie ein Vaudeville.«

Wir begannen also flott zu spielen, das heißt wir bemühten uns, schnell zu reden und zu agieren, wodurch aber lediglich die Handlung zusammengestaucht wurde und der Text einzelner Wörter, ja vollständiger Sätze nur so umherflog. Das Ergebnis war ein allgemeines Getümmel. Da man jetzt nicht einmal mehr begreifen konnte, worüber die handelnden Personen sprachen und was eigentlich auf der Bühne vor sich ging, wirkte die ganze Sache noch langweiliger.

Auf einer dieser qualvollen Proben ereignete sich ein interessanter Zwischenfall, von dem ich nun erzählen möchte. Es war Abend. Die Arbeit klappte nicht. Die Schauspieler hörten mitten im Wort auf und warfen die Arbeit hin, weil sie keinen Sinn in der Probe sahen. Das Zutrauen zum Regisseur und auch zueinander war untergraben. Ein solcher Zusammenbruch der Energie ist der Beginn der Demoralisation. Jeder setzte sich in irgendeine Ecke, schwieg und ließ verzagt den Kopf hängen. Zwei oder drei elektrische Lampen brannten trübe, und wir saßen im Halbdunkel; das Herz schlug voller Erregung angesichts der Ausweglosigkeit der Lage. Jemand begann nervös mit den Fingern an seiner Bank zu kratzen, es klang wie das Knabbern einer Maus. Dieser Laut erinnerte mich irgendwie an den häuslichen Herd, und es wurde warm in meinem Innern. Ich spürte Wahrhaftigkeit, das Leben und meine Intuition begann zu arbeiten. Oder vielleicht hatte der Laut der knabbernden Maus in Verbindung mit der Dunkelheit und der völligen Hilflosigkeit der Lage irgendeine Bedeutung in meinem Leben, von der ich selbst nichts wußte; wer vermag die Wege des schöpferischen Unterbewußtseins zu bestimmen!

Jedenfalls fühlte ich plötzlich die zu probende Szene. Es wurde behaglich auf der Bühne. Die Tschechowschen Menschen begannen zu leben. Ich erkannte, daß sie sich durchaus nicht mit Schmerzen herumschleppen, sondern im Gegenteil Heiterkeit, Lachen und Beschwingtheit suchen; sie wollen leben und nicht dahinvegetieren. Ich fühlte die Wahrhaftigkeit in einer solchen Auffassung und Behandlung der Tschechowschen Helden. Das gab mir frischen Mut, und intuitiv begriff ich, was zu tun war.

MELICHOWO

Michael Merschmeier · PRINZESSIN UND PUNK, PRINZIPALIN UND PRIMADONNA

1981, in Steins *Orestie*, hatte Jutta Lampe noch als hehre, jungfräuliche Göttin Athene die Erinnyen gezähmt und der Menschheit den Rechtsstaat beschert – nun ist der Vamp durch nichts zu halten, raunzt, rauft, röhrt in norddeutschem Guttural. Ohne jede Anstrengung erfindet sie den Sex-Appeal eines Straßenkinds, die peitschende Durchsetzungskraft einer drahtigen Diesel-Dyke, die Zärtlichkeit einer Wölfin – schamlos in der Figur, sich völlig bedeckt haltend als Darstellerin. Diese Spannbreite war enorm – zumal sie im selben Jahr auch noch in Grübers *Hamlet* die anämische Ophelia spielte. Als Titania in Straußens *Der Park*, 1984 von Stein inszeniert, verbindet Jutta Lampe Dame und Dämonin: Sie ist vereinnahmend und voll überströmender Lustwilligkeit, brünstig aufstampfend, wenn sie vom Bildhauer Cyprian »den Arsch von einer Kuh« verlangt, um dem begehrten Stier begattenswert zu erscheinen; liebreizend und zugleich zupackend, wenn sie die Männer im Tiergarten-Park becirct; marionettisch beengt und gleichsam mit gestutzten Flügeln sich bewegend, nachdem Oberon sie mit seinen Zaubermitteln in die Zwangsjacke »Frau aus einem anderen Jahrhundert« gesteckt hat; voll deutlich erotisch getönter Mutterliebe, wenn sie im Schlußbild des Archetypen-Spektakels mit ihrem stierhufigen Sohn spricht, seinen Fuß zärtlich berührt und dann seine elektrisiert orgiastischen Körperzuckungen (die Udo Samel weidlich auskostet) mit dem Wohlwollen einer unerschütterlich weltgewandten Aristokratin betrachtet.

In Straußens Stücken – auch in *Schlußchor* und in *Gleichgewicht* – findet Jutta Lampe die perfekten Vorlagen für die Spannbreite ihrer Spiellüste: realitätstüchtige Bodenständigkeit steht nicht im Gegensatz zu darstellerischen Drahtseilakten als Göttin oder Göre.

Und die Wunde Tschechow?

»Wenn ich mich frage, welche Erfahrung für mich in den Jahren meiner Arbeit am Theater besonders wichtig war«, schreibt Jutta Lampe 1990, »komme ich nicht zuerst, aber immer wieder auf den Umgang mit den Stücken von Anton P. Tschechow. In einer bestimmten Richtung des Theaterspielens wird der Schauspieler von diesem Dichter auf unvergleichliche Weise herausgefordert, nämlich in der sogenannten realistischen Spielweise zu möglichst großer Wahrhaftigkeit und Reichtum in der Rollengestaltung zu gelangen.« Eben diese Wahrhaftigkeit war von Henning Rischbieter anläßlich von Peter Steins *Drei Schwestern*-Inszenierung 1984 zuerst und ziemlich einsam in Frage gestellt worden. Die meisten Kritiker jubelten, die Produktion wurde im Jahrbuch *THEATER 1984* zur »Aufführung des Jahres« gewählt – aber was Rischbieter unter der Überschrift »Museum der Sentimentalität« im Mai-Heft von *Theater heute* beschrieb und was in das harsche Urteil »totes Theater« mündete, das sahen seine Redaktionskollegen, das sah ich ähnlich: Detailrealismus statt Menschenerkundung, Bühnenbildgigantomanie im Breitwandformat (von Karl-Ernst Herrmann) und Arrangeurskunst (von Peter Stein) im weiten Raum statt Vertrauen in die Schauspielkunst des Ensembles.

Über Jutta Lampe als Mascha befand Rischbieter: »Sie verzichtet auf ihre hellen, hohen, silbrigen Töne, bewegt sich im dunkleren Ausdrucksbereich, manchmal rauht sie die Stimme auf. Sie bewegt sich lässig und lustvoll in den (für eine Provinzlehrersgattin erstaunlich) eleganten

schwarzen Spitzenkleidern, raucht selbstbewußt und nervös, lacht sich – darin ist zugleich Lok-
kung und letzte Reserve – in ihre Leidenschaft mit dem Oberstleutnant Werschinin. Noch das
Bekenntnis zu dieser Leidenschaft vor den Schwestern, in der Brandnacht des dritten Aktes, hat
trotzige Kraft; die ist nach meinem Eindruck aufgebraucht in den tränenbefeuchteten, wiederholten und in der Wiederholung sich abnutzenden Exaltationen des vierten Aktes, beim Abschied
von Werschinin, der mit den anderen Offizieren die Stadt verläßt, nach Polen, in eine andere
Ecke des Riesenreiches, verlegt.« Steins *Kirschgarten* 1989 bestätigte nicht nur diese Sicht auf die
Drei Schwestern, nun waren auch die anderen Rezensenten meistenteils überzeugt, daß solcher
szenischer Rekonstruktivismus keine große Zukunft habe. Um sicherer zu sein im Urteil, hatte
ich seinerzeit den *Kirschgarten* zweimal gesehen. Kleine Fehler in der Voraufführung, welche
die Perfektion und Harmonie der Steinschen Inszenierung noch heilsam brachen und ›störten‹,
sie waren in der Premiere behoben. Größere Fehler hatten Methode: zum Beispiel Jutta Lampes
Ranjewskaja, die doch eine aus Paris nach Rußland zurückgekehrte Lebenshungrige, Lebenser-
fahrene sein müßte, aufs Divenhafte festzulegen, ins ariose Tremolo zu treiben, statt ihre bravou-
röse Lakonik zu nutzen.

Mit Jutta Lampe habe ich bei unseren langen Gesprächen nicht über Tschechow geredet. Es
schien wenig Sinn zu haben, über prinzipielle Differenzen zu rechten, wenn so viel Herzblut
darinsteckt – und wenn man sich eben erst vorsichtig kennenlernen will. Statt dessen habe ich
mir irgendwann in diesem Sommer die Fernsehaufzeichnung der *Drei Schwestern* angeschaut.
Zur Vorbereitung. Zur Selbstbefragung. Mag sein, die zehn Jahre dazwischen haben die Wahrnehmung und den Wahrnehmenden verändert. Oder das Fehlen von großen, zumindest groß
gewollten Aufführungen in den letzten Monaten, Jahren. Oder die Tatsache, daß das Breitwand-
bühnenbild viel besser für den Film, das Fernsehen taugt als fürs Theater. Mag sein. Aber ich sah,
konzentriert auf die Figur der Mascha, im Spiel der Lampe kaum mehr jene damals anstößige
Sentimentalität voller fader Druckstellen, eher die konkrete Leidensgeschichte einer älterwer-
denden, enttäuschten Frau, die statt »nach Moskau, nach Moskau!« nur noch in die Arme des
nächstbesseren Mannes flüchten will, weil sie der ihre allzu sehr langweilt. Dennoch eine starke,
eine fordernde Frau, die Werschinin (Otto Sander) mit Blicken und Gesten dirigiert, die punkt-
genau dahinschmelzen kann, wenn es gilt, eine Eroberung festzuklopfen, die mit geöffneten Lippen und saugenden Augen und mit rescher, kratziger Stimme auf ihre »Opfer« zugeht – Spiel
ohne Netz, aber doppelbödig: zwischen Mädchen und Medusa. Und selbst der Schluß, die drei
verquälten, vereisten Frauengesichter vorm Herrmannschen Cinemascope-Horizont, der schluch-
zende Ausbruch der Mascha beim Abschied von Werschinin – war nicht nur irgendwie erträglich
oder möglich, sondern sogar bewegend. Da kamen plötzlich mir die Tränen. Bekannte Gesichter,
neue Gefühle.

1995 wird Jutta Lampe wieder die Ranjewskaja im *Kirschgarten* spielen, im Salzburger Landes-
theater, Regie Peter Stein. Remake oder mehr? Nach der Wiederbegegnung mit den *Drei Schwestern* bin ich gespannt.

Hanns Zischler

»ICH HABE ES SO LEBENDIG IM OHR«

Mit Jutta Lampe Marina Zwetajewa lesen

Im Dezember 1987 war in den *Akzenten* Marina Zwetajewas langes Poem *Endgedicht* abgedruckt. Felix Philipp Ingold hatte eine geradezu berauschende musikalische Fassung hergestellt, die mir den weit gespannten Raum dieser Dichterin wie durch einen Blitzschlag erhellte. (Wenn man selbst des Russischen nicht mächtig ist, sehnt man sich nach sinn- und klanghaltigen Korrespondenzen gleichermaßen – häufig vergeblich, wie der Fall von Puschkins Roman in Versen *Eugen Onegin* auf fast dramatische Weise belegt.)

Die Lektüre dieses im Prager Exil 1924 entstandenen Liebesgedichts, der drangvolle Rhythmus, die rasch wechselnden Metren, die wie verschwenderisch hingestreuten Assonanzreime, die taktisch wechselnden Strophenformen verlangten förmlich nach einem Vortrag, nach einer weiblichen Stimme, die Zwetajewas hemmungsloses und gleichwohl souverän gebändigtes Pathos zu Gehör bringen konnte.

Es lag nahe und ergab sich fast wie von selbst, Jutta Lampe zu fragen und zu bitten, dieses Gedicht (mit seinen fast 160 unterschiedlich langen Strophen) mit ihr einzustudieren – für den Rundfunk. Und so haben wir uns über den Text gebeugt, haben erprobt und verworfen und weiter gesucht, wie dieses Feuerwerk in unserer Sprache zu zünden sei. Wie will die knappe Zeile, die bei Marina Zwetajewa immer auch Dichte ist, so gesprochen werden, daß dem Hörer nichts verloren geht, wie stark müssen Zeilenbrüche beachtet (oder ignoriert) werden? Wie ist der Wechsel von kurzen Dialogen mit elegischen Interpunktionen zu bewerkstelligen? (Joseph Brodsky hatte in der ihm eigenen nachdrücklichen Art darauf hingewiesen, daß nur bei der Zwetajewa der Gedankenstrich den Vers *beschleunigt*.)

> In Gedanken: du Lieber.
> – Sieben Uhr?
> – Gehen wir ins Kino – mal wieder? …
> – Heim! – So stur.

Wir haben uns Zeit genommen, haben der Versuchung widerstanden, den gelegentlich ungezügelt dahinbrausenden Vierspänner dieses Textes noch mehr anzutreiben, wollten vom Reichtum der Übersetzung so viel wie nur irgend möglich bewahren und hörbar machen. Und Jutta Lampe hat nach sehr konzentrierter Vorbereitung einen Modus gefunden, den *Ton* dieses großen Gedichts ihrer modulationsreichen Stimme anzuverwandeln. Erinnerungswürdig die Art und Weise, wie sie den Jubel, den Jauchzer der ersten Strophen des Schlusses aus sich entlassen hat:

Auf Schafspfand hinunter
Zur rasenden Stadt.
Drei Mädchen, die munter
Uns grüßen – ein Patt

Den Tränen, – ein Lachen:
Wie Mittag, wie Meer!
Dagegen dein schwaches,
Dein falsches Geplärr.

Und so erfüllt sich in diesem beherzten, übersetzenden Zugriff von Juttas Stimme auf das Gedicht jene Vergegenwärtigung beim *Hören*, wie Marina Zwetajewas Freund und Briefgefährte Boris Pasternak ihr 1926 dies geschrieben hatte: »So müssen sich die *Lippen* des menschlichen Genies bewegen, jenes Geschöpfs, das über seine Grenzen hinausgewachsen ist. So, genauso, wie in den führenden Teilen des Gedichts. Mit welcher Erregung liest man sie! So wird eine Tragödie gespielt. Jeder Seufzer, jede Nuance ist vorhergegeben. – Ich habe dem Gedicht Raum gegeben, es liegt rechter Hand auf meinem Tisch, damit ich hineinschauen, nachlesen kann, aber ich will es nicht. Ich habe es so lebendig im Ohr …«

124

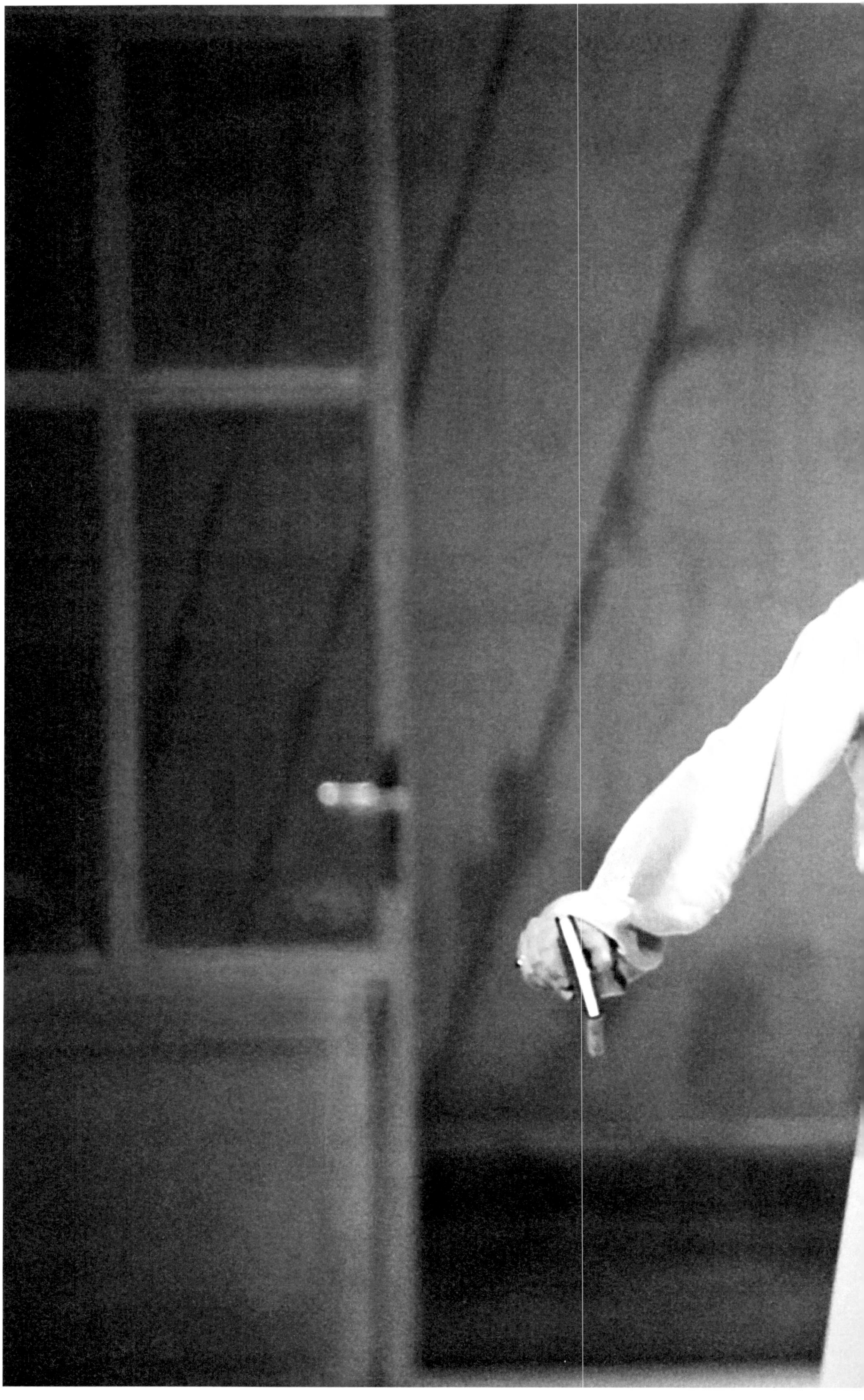

PETER STEIN · DAS TOLLE BEIM MENSCHEN IST, DASS ER DIE FÄHIGKEIT HAT, WIDERSPRÜCHLICHKEITEN ZU DENKEN UND ZU EMPFINDEN, DASS ER IN DER LAGE IST, EINEN ADVOCATUS DIABOLI FÜR SICH ZU ERFINDEN. ER KANN – AUFS THEATER BEZOGEN – IN EINEM ZUSTAND, WO ER ABSOLUTES GLÜCK EMPFINDET, IN SCHMERZZERFLIESSENDE HYSTERIE AUSBRECHEN, WEIL ER ES SO WILL. ER KANN ES STEUERN. ER KANN EINGREIFEN IN SEINE EIGENE LEBENDIGE BEFINDLICHKEIT MIT THEATRALISCHEN MITTELN. DAS IST DIE BASIS JEDER THEATRALISCHEN TÄTIGKEIT.

SCHAUEN SIE SICH DIE SCHAUSPIELER AN, OB SIE DAS KÖNNEN ODER NICHT: DAS IST INTERESSANT. WENN SIE SEHEN, DASS EIN MENSCH, DER OFFENBAR ETWAS VOLLSTÄNDIG ANDERES IST ALS DAS, WIE ER AUF DER BÜHNE ERSCHEINT, IN DER LAGE IST, DAS OHNE NETZ UND DOPPELTEN BODEN ZU DEMONSTRIEREN, DANN HABEN SIE DAS GEFÜHL, SIE LEBEN. SO GEHT ES MIR. DESWEGEN BIN ICH FEST DAVON ÜBERZEUGT, DASS DIE WEITERBEFÖRDERUNG DIESER FÄHIGKEIT DES MENSCHEN, GLEICHZEITIG DIE WIDERSPRÜCHE DES LEBENS SEHEN UND EMPFINDEN KÖNNEN, GANZ WICHTIG IST, DAMIT ER ÜBERHAUPT EINE BESTIMMTE FÜLLE VON LEBEN IN SICH FÜHLEN KANN. DAS MUSS WEITERBETRIEBEN, GESCHULT, GELEHRT WERDEN, UND WENN ES NUR EINE KLEINE ANZAHL VON LEUTEN IST, DIE DAS KÖNNEN. DIESE ENTSCHEIDENDE MÖGLICHKEIT DES MENSCHEN WIRD ZUM BEISPIEL IN DER POLITISCHEN DEBATTE IMMER HINAUSGESCHMISSEN: DER EINZELNE IST NICHT MEHR IN DER LAGE, SICH DIE POSITION DES ANDERN VORZUSTELLEN. DADURCH HÖRT ER AUF ZU LEBEN.

Международный Фонд К.С. Станиславского

ДИПЛОМ

Ютта Лампе

Лауреат Международной Премии Станиславского 2004г.

Номинация «За вклад в развитие актерского искусства»

Президент
Международного Фонда
К.С. Станиславского

М.А. Захаров

Председатель жюри
Международной Премии
Станиславского

Е.В. Миронов

г. Москва, 7 декабря 2004г.

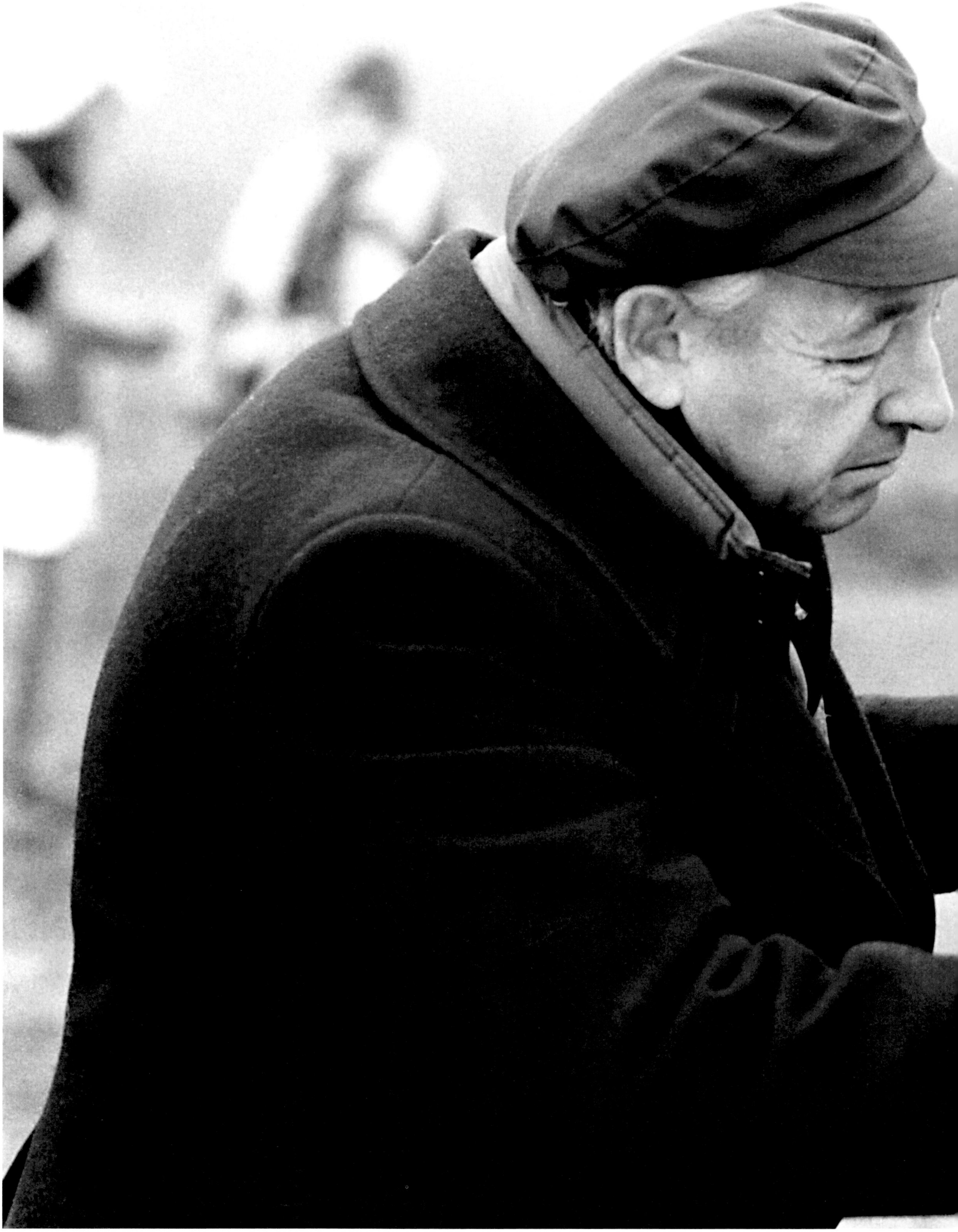

MARGARETHE VON TROTTA · Ich erinnere mich nicht mehr an alle Stücke, die ich mit Jutta an der Schaubühne gesehen habe. Aber wenn ich versuche zurückzudenken, was mich damals spontan zu Jutta hingezogen hat, so war das ihre Mischung aus dem Bedürfnis, gesehen zu werden, sich preiszugeben und gleichzeitig unsichtbar bleiben zu wollen, so als habe sie vor etwas Angst, das sie, solange sie auftrat, zwar missachten konnte, das aber dennoch immer da war. Ihr Spiel erschien mir wie ein Schutzschild vor dem Leben. Vielleicht konnte sie die Zuschauer deswegen so besonders anrühren. Ich hatte sogleich den Wunsch, sie kennenzulernen, und ihrer Angst »auf die Schliche« zu kommen. Das kann man als Filmemacherin am besten, indem man ein Gesicht ganz aus der Nähe betrachtet, durch ein Objektiv, das zwar, wie der Name sagt, objektiviert, aber gleichzeitig bloßlegt, indem es Empfindungen aufzeichnet, die dem Schauspieler selber nicht immer bewusst sind. Natürlich ist Jutta eine großartige Schauspielerin, die sehr wohl weiß, was sie macht, gleichzeitig ist sie, glaube ich, mehr als andere auf der Suche gewesen, sich in einer Rolle wie in einem Spiegel zu betrachten, um zu ergründen, wer sie selber ist.

141

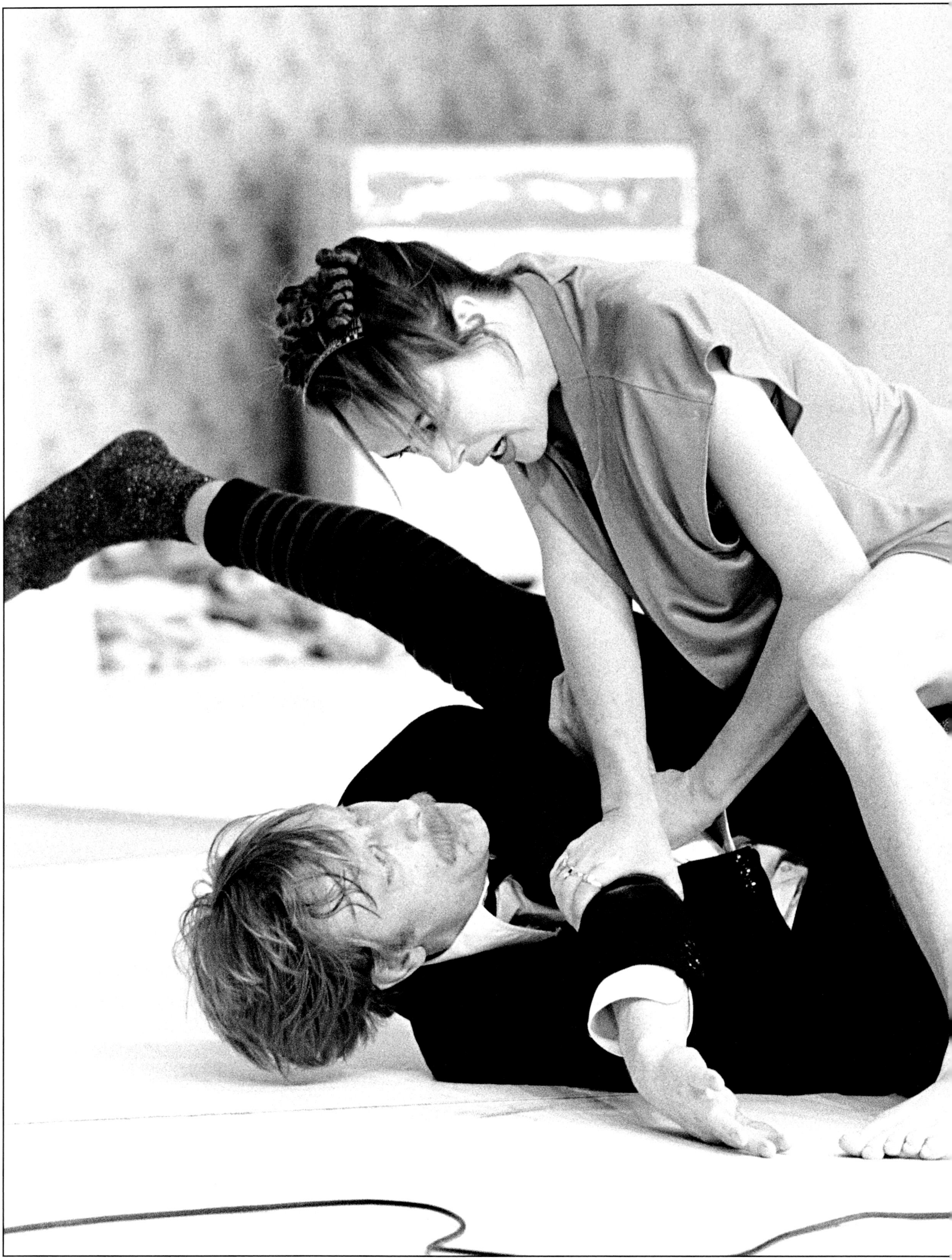

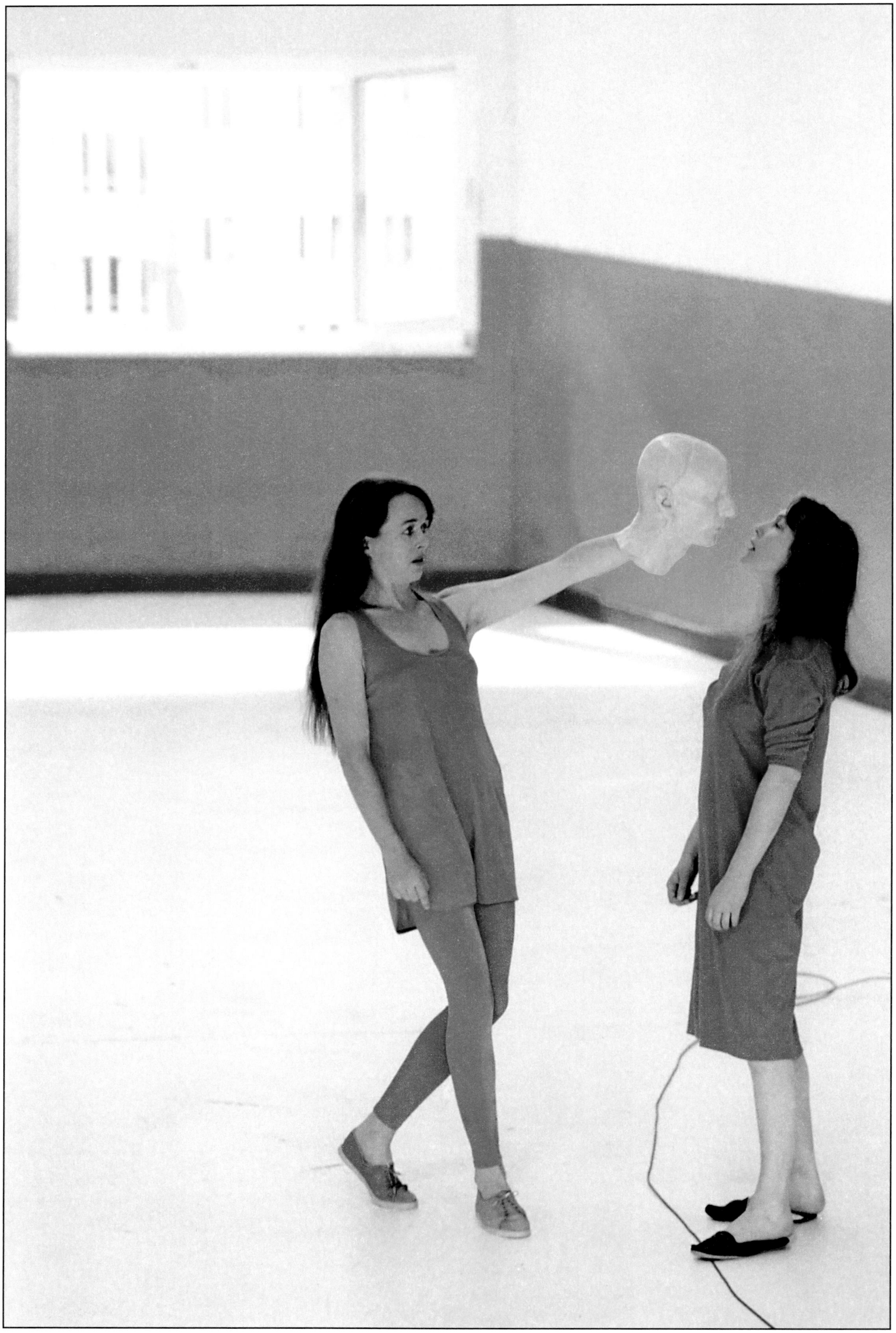

Ivan Nagel · ANSPRACHE UND BEKENNTNIS Vergessen Sie bitte nicht, dass Jutta Lampe eine große Komikerin ist. »Groß« ist sie nicht in dem üblichen Sinne, dass sie die Trümpfe massiver, beim Publikum beliebter Komik-Effekte einen nach dem anderen auf den Tisch haut. Ihre Komik ist, wie meist die wahrhaft große, unerklärlich. Gespenstisch klare Beobachtung, durchädert von leisem Wahnsinn.

Denken Sie nur an die Reihe ihrer komischen Rollen in den Stücken von Botho Strauß, ihrem Zwillingsbruder in höherer, metaphysisch-konkreter Unverständlichkeit. Sie war das »Dienstmädchen« in Wilfried Minks' Inszenierung *Die Hypochonder* (1973): halb Untermensch, halb Hund, eine flink kriechende, schleichende Gefahr für alle selbstbefangenen Geistesmenschen. Sie hat als Wohngemeinschafts-Muse in Peter Steins *Groß und Klein* (1978) mit ätherisch-verlogenen Tönen alle Ideologie der Beziehungsidyllen der siebziger Jahre entlarvt und vernichtet. Sie war die scheinbar Schwächere, in Wahrheit Stärkere im unsäglichen Zweikampf bekennender Lesbierinnen mit Miriam Goldschmidt in Luc Bondys *Kalldewey, Farce* (1982). Ein anderes Duett, mit dem einzigartigen Fritz Lichtenhahn in *Das Gleichgewicht* (1993), ließ erleben, wie zwei geniale Schauspieler aus fast unhörbaren Tönen eine Musik von grotesk-ergreifender Seltsamkeit zu bauen vermögen. Und sie hat sogar im sonst leider misslungenen *Die Ähnlichen* (1998) in einer Flirt- und Sexszene auf zwei benachbarten Kinosesseln mit Hunger-Bühler uns, haben wir an Liebe noch geglaubt, heillos aufgeklärt und erniedrigt.

Die Lyrikerin Jutta Lampe haben wir jahrzehntelang verehrt, angebetet. Als ich meine Liebe zu ihr nun zu rekonstruieren versuchte, fand ich heraus: Unvergesslich ist mir die Andere, die ewig Fast-Unbekannte: Jutta Lampe, die Komikerin.

Jutta Lampe · DORT WOLLTE ICH BLEIBEN Ich wollte immer lieb und brav sein. Botho Strauß hat mir das nie erlaubt. All seine Frauenfiguren, die im sogenannten normalen, gesellschaftlichen Zusammenhang unserer Zeit stehen, erscheinen irgendwie verrückt, unverschämt und frech, sie riskieren etwas Grenzüberschreitendes und Archaisches, das mich irritiert und mir wohl tut. In *Kalldewey, Farce* tun sich drei Frauen zusammen und sperren aus Wut und auch aus Lust den Ehemann der einen Frau in die Waschmaschine. Ein böser Scherz. Im *Schlusschor* wird zum Schluss der Adler, der das Symbol für die Wiedervereinigung Deutschlands darstellt, in einen lebendigen, übergroßen Vogel verwandelt, in den sich Anita von Schastorf, meine Anita, verliebt und den sie verführt. Realistische, alltägliche Situationen stehen neben Fantasien aus tieferen, unbewussten, archaischen Schichten. Das, was in uns rumort, das Unsichtbare, das Dunkle dringt in diesen Figuren zur Sichtbarkeit – das ist, was ich im Theater immer gesucht habe. Es sind keine intellektuellen Frauen und sie spielend erfuhr ich, dass ihr Leben auch von nicht mehr vertrauten, verborgenen Kräften gespeist wird. Sehr jung kam ich wie zufällig zum Theater, und dort wollte ich bleiben. Dort durfte man alles, in anderen Welten. Auch Dinge, von denen ich aus Angst nichts wissen wollte. Als ich das erste Stück von Botho Strauß las, in dem ich mitspielen sollte, verstand ich zunächst gar nichts. Langsam spürte ich dann, was sie mich verstehen ließen. Fast wider Willen, aber unwiderstehlich. Den tieferen Grund dafür weiß ich erst heute.

Die meisten Theaterstücke von Botho Strauß entstanden in der wichtigsten Zeit meines Lebens als Schauspielerin. Wie andere große Frauenfiguren der Weltliteratur sind auch sie Geschöpfe ihrer Zeit. Und doch durfte man sie in diesen Stücken auch hinter sich lassen – diese eine Zeit.

WALTER SCHMIDINGER · In Peter Steins Strauß-Inszenierung *Der Park* saß ich während der Proben immer im Zuschauerraum, weil ich die Arbeit so spannend fand. Titania erscheint. Wir waren drei Tennisspieler, denen sie ihren Körper zeigt. Jutta Lampe hat einen sehr schönen Körper. Auf diesen Proben, wo sie von oben herunterkam, haben sie immer andere Kostüme ausprobiert, bis Peter Stein auf die Idee kam, daß das keuscheste Kostüm ein Kimono sei. Er übte mit ihr, wie er zu öffnen sei.

Sie hat ihn mit einer Hand geöffnet und mit der anderen geschlossen. Das wiederholte sie. Der Wechsel von den beiden Teilen des Kimonos ging ganz langsam vor sich und war außerordentlich erotisch. Stein sagte einen Satz, der mir unvergeßlich ist, er sprach von Stripteasetänzerinnen, die zu ihrem Bewußtsein der erotischen Ausstrahlung den Blick einer Madonna haben. Das spielte sie grandios, eine heilige Hure. Eine Feenkönigin, die mit allen Mitteln Oberon herbeiruft, der entschwunden ist. Stein hatte dazu eine alte Ufa-Melodie gewählt. Durch die Mitte des Vorhangs ist Titania aufgetreten. Er hatte mich gebeten, aufzustehen, zu salutieren und zu spielen: Diese Frau habe ich irgendwo schon gesehen, vielleicht im vorhergehenden Bild – und dann setzte ich mich wieder. In diesem Moment ging sie die erste Stufe der Treppe herunter, mit einem ungeheuren runden Strohhut, der wie ein Mond aussah. Mit dem ersten Schritt auf die Stufe spielte der Pianist: »Eine Frau wird erst schön durch die Liebe, ganz allein nur durch die Liebe.« Sie kam herunter, ging an Oberon vorbei, weil sie ihn nicht mehr erkannte. Da war die Erotik einer Frau so präsent, wie das verführerischer nicht geht.

165

FEEN SIND VIELLEICHT KLEIN, ABER SIE SIND FURCHTBAR. K. M. Briggs

PETER STEIN · Für mich privat ist es eminent wichtig, eine theatralische Tätigkeit auszuführen. Das ist eine ganz besondere Tätigkeit, die dem Menschen eigen ist, und die im Rahmen der politischen und gesellschaftlichen Entwicklungen verkümmert. Ich halte diese Verkümmerungsakte für sehr gefährlich. Dem muß man mit großer Intensität entgegenarbeiten.

Die Vorstellungen, die man vom Theater als organisatorischer Einheit und als Wirkungsgerät entwickelt hat, haben sich Ende des 19. Jahrhunderts mit den Gedankengängen des Kleinbürgertums schrecklich verschmalt und in eine ganz falsche Richtung entwickelt. Die befreienden und auch die belehrenden Möglichkeiten von Theater leben ausschließlich in der Förderung theatralischer Denk- und Empfindungsmöglichkeiten beim Menschen, nicht etwa in bezug auf irgendwelche politischen oder ästhetischen Systeme.

DIETER STURM · Das heißt, das Theater, von dem ich rede oder von dem ich träumen möchte, oder dem man weiterhin eine Chance geben soll, ist eine der Möglichkeiten, nicht nur in irgendeinem abstrakten Sinne mit der eigenen Vergangenheit zu verkehren, nein, mehr noch: Es ist eine Art von Schattenriß vergangener Personen, vergangener menschlicher Lebensmöglichkeiten. Es ist eine Möglichkeit, in neuer Weise durch einen lebenden Menschen und durch eine Gruppe von lebenden Menschen hindurch die verklungenen Stimmen einer nicht mehr existenten Menschheit nicht etwa zu hören, aber sagen wir mal, zu ahnen, und es entsteht ein Drittes, in der eine lebendige Form von Vergangenheit und Gegenwart verschmelzen können. Und das ist für mich die entscheidende Provokanz, die von dieser Art von Theater ausgehen kann. Etwas, das einem auf ganz andere Dinge gestellten Theater gar nicht oder nur auf eine ganz und gar andere Weise inhärent sein kann, das dafür selbstverständlich Vergütungen und Erlebnisse bereithalten mag oder kann, die in einem so dauernd arbeitenden Ensembletheater, welches sich sehr literaturverpflichtet fühlt, vielleicht nicht denkbar sind. Aber man sollte doch in einer Zeit, in der mit gutem Grund so viel über das Verhältnis von Vergangenheit und Gegenwart und demgemäß so viel über Erinnerungen und Vergessen geredet wird, ein solches Instrument der Wiedervergegenwärtigung oder der Bereitstellung eines Platzes, an dem Teile der Vergangenheit und lebendige Umstände der Gegenwart aufeinandertreffen und miteinander Verkehr haben können, nicht ungeprüft beiseite tun. Das wäre doch eine erstaunliche Maßnahme.

PETER STEIN · Dieses Theater könnte beispielsweise eine Art kontinuierlicher Forschungsstätte sein und zeigen, was an theatralischen Aktivitäten und Aktionen möglich ist. Wir könnten eine ganz bestimmte Rolle spielen in der Vermittlung extremer und vielleicht elitärer Formen theatralischen Denkens und Empfindens in einem gewissen Common sense, also in einer weniger elitären Angelegenheit. Es ist eine Tätigkeit, die ich schon immer versucht habe und die man verstärken könnte.

Wir könnten diesen einmalig beweglichen Theaterapparat, den wir haben, zur Verfügung stellen für andere Menschen, die Theater machen wollen. Es würde allerdings eine gewisse Reduzierung meiner Prädominanz bedeuten, weil viele Leute sich halt einfach scheuen, in die Nähe von mir zu kommen.

Eine weitere Perspektive könnte Schauspieler-Ausbildung sein. Oder die verstärkte Pflege internationaler Kontakte. Wir haben zum Beispiel sehr starke Verbindungen zu Peter Brook in Paris. Oder wir können etwas von Robert Wilson produzieren, so wie er es will.

Das sind alles Aktivitäten, die in dem Mendelsohn-Bau einen organisatorischen Mittelpunkt finden können ...

LOUIS JOUVET

Was ist eigentlich das Theater, und was willst du dabei tun?

Und das Komische und das Tragische? Und das Melodramatische?

Das Theatralische und das Dramatische.

Und alle die Theorien, die in jeder Epoche umgemodelt werden, Exposition und Lösung des Knotens, Verwicklung, Katastrophe und Parabase.

Und das *Gedächtnis*?

Die Tatsache, daß man sich vor dem Text fürchtet.

Und *deine Berufung*,

und das, was Berufung ist,

und daß man Theater spielen kann, ohne das alles zu wissen, daß du aber über *deine Berufung* nachgedacht haben mußt.

Die Untersuchungen, die du über dieses und jenes wirst anstellen können, die vorläufigen Schlüsse, die du von Zeit zu Zeit ziehen und für wesentlich und endgültig halten wirst.

Berlin den 4.2.92

Liebe, verehrte Joana –
Es ist ein großes Glück
mit Ihnen zu spielen,
Sie zu spüren, Sie zu sehen
in Ihrer großen Authentizität!

Ich wünsche Ihnen das
Allerbeste und kräftige
Nerven, ich grüße Sie
von Herzen und sage
toi! toi! toi!

Ihre
Jutta Lampe

200

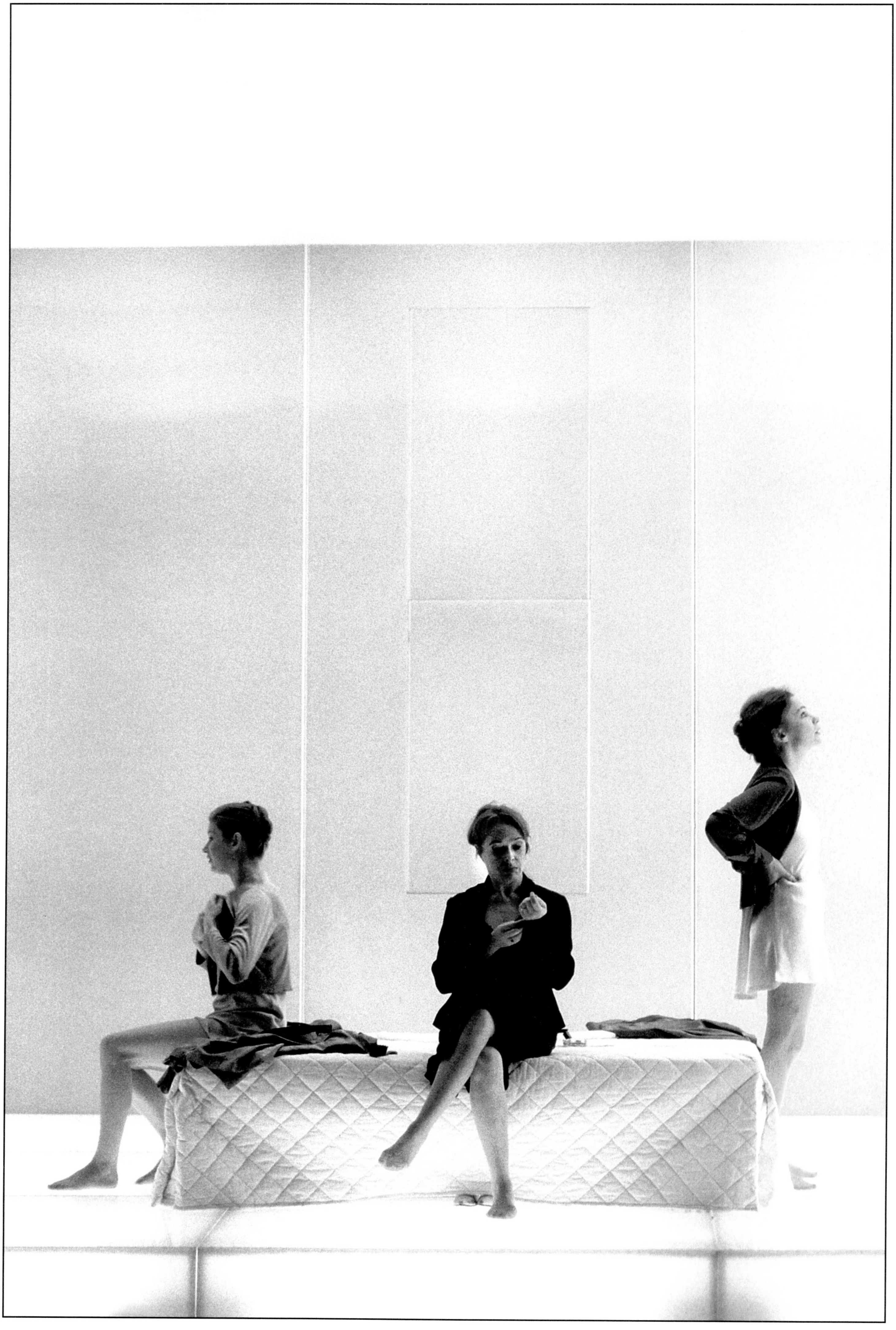

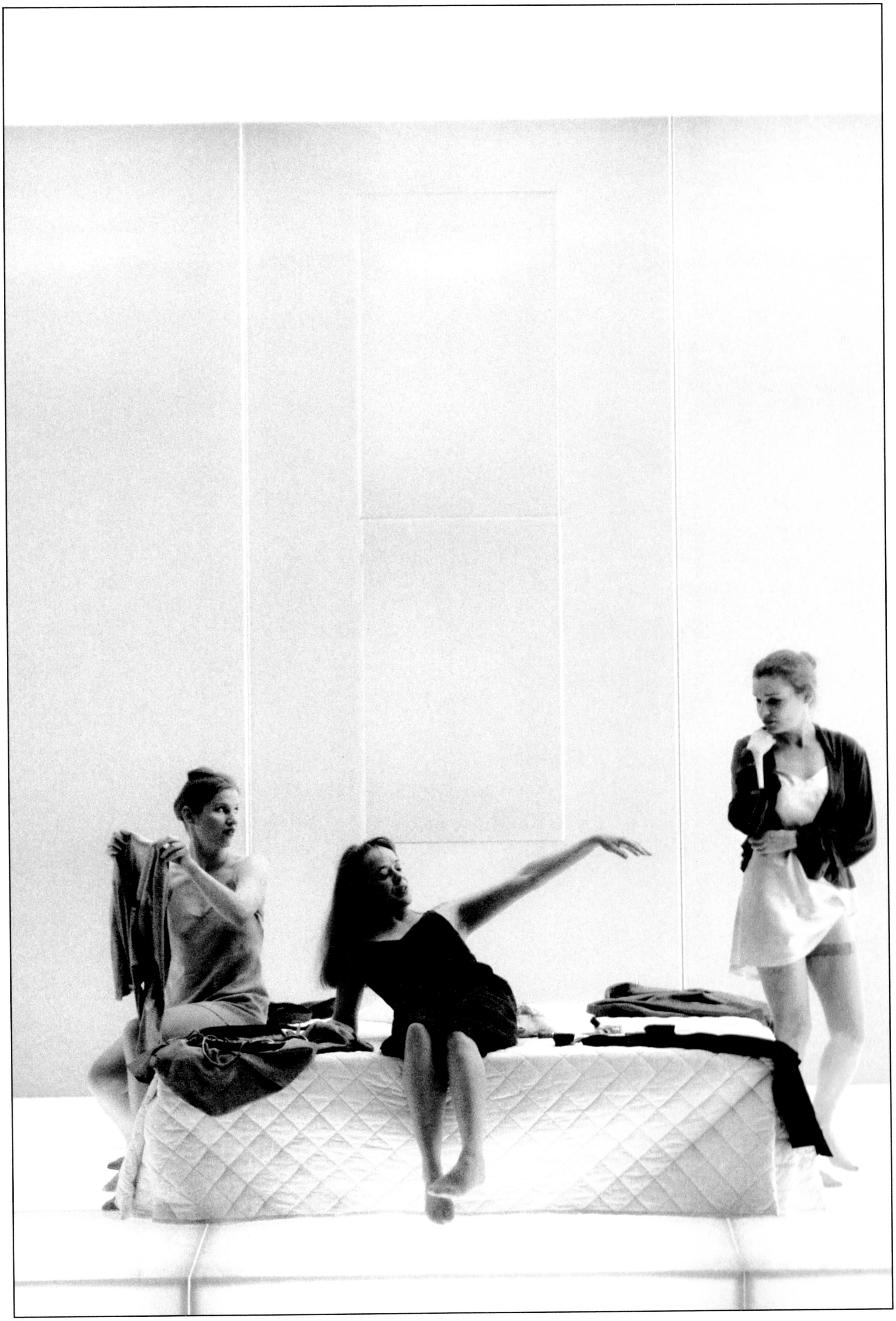

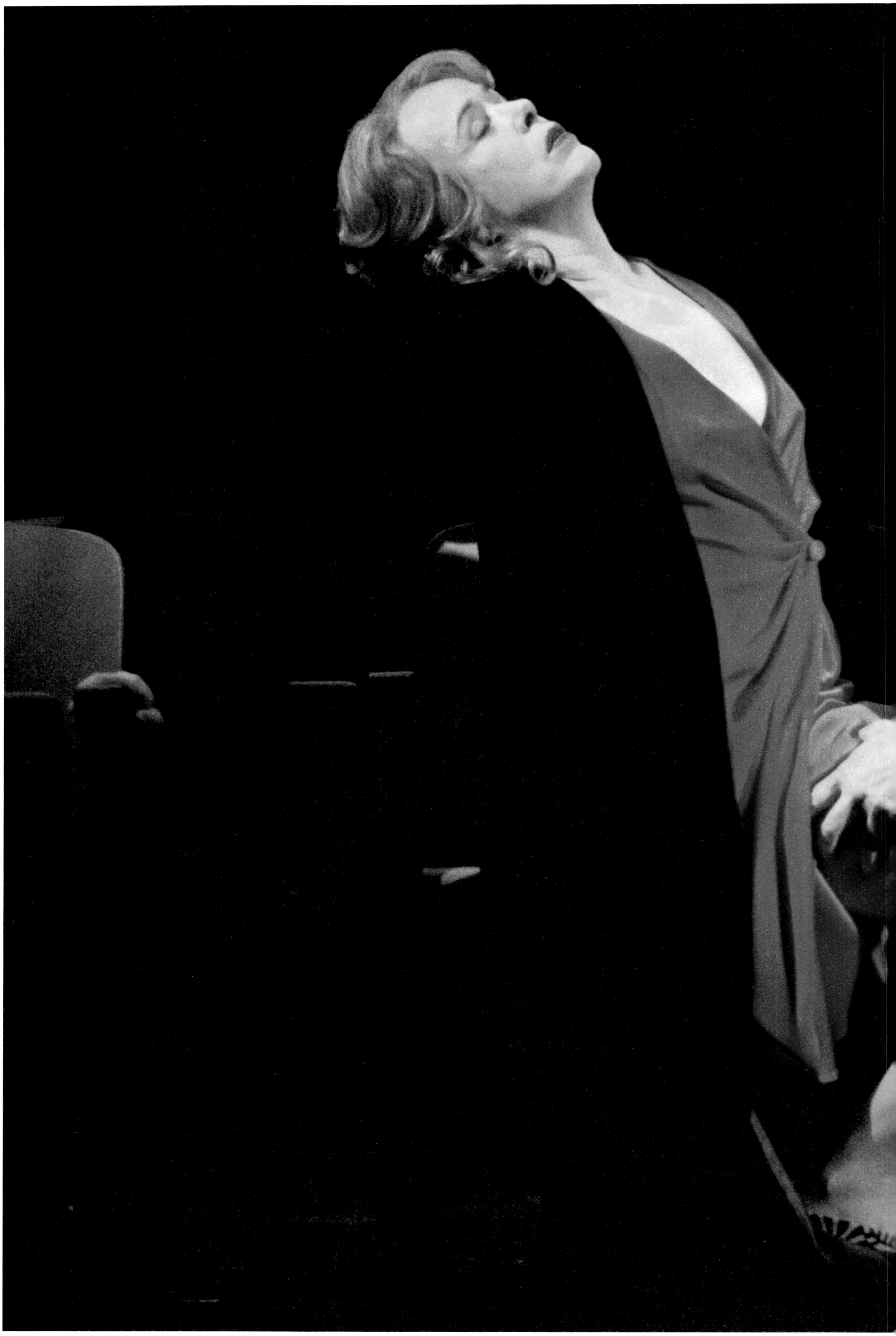

Im Vordergrund zwei Stühle. INSA sitzt, LISSIE steht hinter ihr.

INSA   *schaut in einen Handspiegel und pudert das Gesicht* Wir, die einmal Lichtblicke waren. Die Wange nicht mehr ganz auf alter Höhe.

LISSIE Laß dir ein paar Goldfäden einziehen. Damit sie nicht noch tiefer sinkt.

INSA   Damals du mit deinen Belladonnapupillen. Jeder Augenaufschlag eine Angriffswelle im Morgengrauen. Großoffensive. Nun setz dich zu mir. Du kannst nicht mehr huren, Lissie. Nun setz dich wieder zu mir.

LISSIE Ich bin nicht gekommen, um alte Wunden zu heilen. Ich bin gekommen, weil ich dachte, vor dir stehen, das könnte mich aufbauen, weil ich vor dir immer gut dastand.

INSA   Wem habe ich gelauscht? Wem nicht alles … Unterbrechen wir?

LISSIE So nicht. Jetzt nicht.

INSA   Dann eben nicht. Weiter im Text. Was willst du von mir?

LISSIE Ich frage hier. Ich frage dich.

INSA   Ich frage ja gar nicht.

LISSIE Als du dich entschlossen hast, allein zu leben –

INSA   Entschlossen? Entschlossen?

LISSIE Gut. Also andersherum. Hast du jemanden? Noch?

INSA   Du bist jetzt nah dran an mir, glaubst du. Bildest du dir ein. Du brauchst jetzt ein paar Sätze mehr, in deinem Alter, um näher an die Sache heranzukommen, den Sachverhalt, der dich beschäftigt. Ist es so?

LISSIE Ich bin nicht älter als du.

INSA   Alt, uralt wie die Sibylle, die schrumpft und schrumpelt, ohne zu sterben, ein winziges ledernes Püppchen, das den Geist nicht aufgibt, nur immer lederner wird.

LISSIE Dein Alter ist natürlich ein besonderes Alter.

INSA   Was soll daran besonders sein? Ich bin eben noch gar nicht alt.

LISSIE Richtig. Du bist jetzt in dem Alter, wo du deine Besonderheiten hast.

INSA   Und du? Nicht?

LISSIE Ich hab's hinter mir. *Sie setzt sich*

INSA   Es gibt so ein Alter, wie du's mir vorwirfst, heute gar nicht mehr. War einmal. So ein Alter ist heute keins. Das ist etwas von gestern. Erfahrungen machen jung. Das Innenleben blüht. Wie hast du hergefunden?

LISSIE Ich dachte, irgendwo wirst du schon stecken. Wer weiß wo. Irgendwo werde ich dich auftreiben.

INSA   Wie wir hier sitzen! Was ist das bloß? Warum bist du auf einmal da? Warum gibt es dich? Warum gibt es mich? Wie wir hier sitzen!

LISSIE Was, wenn wir nicht mehr hier säßen?

INSA   Es ist ja nicht das Sitzen, es ist dieses endlose Sitzenbleiben! Das war mit dir schon immer so. Man sitzt jedesmal wie seit Jahrhunderten fest mit dir.

LISSIE   Versuch nicht komisch zu sein.

INSA   Ich *bin* komisch.

LISSIE   Eigentlich bist du jetzt dran. Du massierst mich.

        INSA steht auf, LISSIE läßt ihre Schultern massieren.

INSA   Was hat zwei Flügel und rührt sich nicht?

LISSIE   Ein Fenster.

INSA   Jeder Mensch sollte dem anderen Fenster sein.

LISSIE   Schöne Aussicht.

INSA   Wir sind die, die wir waren. Seilhüpfende Gören all die Jahre. Die Zeit im Flug weht uns den Rock auf.

LISSIE   Du hast den Würgegriff schon in den Fingern, wenn du mich am Hals massierst.

INSA   Lissie?

LISSIE   Ja?

INSA   Es ist das letzte Mal.

LISSIE   Das letzte Mal was?

INSA   Das letzte Mal, daß wir den ganzen Vormittag versitzen.

LISSIE   Warum glaubst du?

INSA   Ich weiß es.

LISSIE   Es muß nicht sein.

INSA   Glaub mir doch einfach mal.

LISSIE   Du kannst doch nicht jetzt schon Tag für Tag von irgend etwas Abschied nehmen.

INSA   Laß uns endlich auf den Kalender schauen. Ein Speiseplan fehlt für die ganze Woche! Morgen kommt mein liebster Gast. Ich werde keine Zeit mehr für dich haben.

LISSIE   Ich besorg euch alles aus der Stadt, frisch vom Markt. Ich helfe, wo ich kann. Seid mit mir zufrieden.

INSA   Gib zu, daß du mich bestohlen hast. Es lagen 235 Euro in meinem Portemonnaie. Jetzt stecken nur noch 67 Euro in meinem Portemonnaie. Wo ist der Rest? Warum tust du das? Stiehlst, lügst, naschst an allem, was nicht dir gehört. Sag, daß du mich bestohlen hast.

LISSIE   Ich habe dich bestohlen. Du merkst aber auch alles.

INSA   Aber den Mann verführen, ihn einer anderen wegnehmen, das ist nicht mehr Diebstahl. Das ist fast schon Mord.

LISSIE   Wenn etwas zusammengehörte, dann nicht Henrik und ich, nicht du und Henrik. Sondern immer wir beide.

INSA   Du hast mit mir nichts aufgebaut. *Sie setzt sich wieder* Als meine Familie Gut Serkow zurückbekam, waren Elaine und ich allein. Wir sind aus der Stadt in den Oderbruch gezogen. Zwei Jahre haben wir von früh bis spät gebaut. Dann wurden die Nebengebäude vermietet und das Haupthaus zur Pension gemacht. Dann ist mein Kumpel krank geworden. Elaine wurde erwachsen hier, und wir hatten die große Hoffnung, daß es aufwärts geht. In dieser Gegend gibt es aber nur das große Nachlassen. Alles ist hier voller Nachlassen. Auch auf diesem Gehöft, aus dem nie wurde, was wir uns erwartet hatten. Auch drin im Haus gibt's nur noch das Nachlassen, Nachlassen bis zum Ende. Sinken, leise und langsam, Nacht um Nacht, Stüflein um Stüflein.

LISSIE Man muß sich einmal dein Leben als Gutsherrin vor Augen halten! Man muß sich vor Augen halten, wie der letzte Sproß einer vornehmen oder einstmals vornehmen Familie, ein zartes Stadtpflänzchen, alle Mittel aufwendet, um sich mit einer aussichtslosen Pensionswirtschaft zu ruinieren. Die ganze blutige Liebhaberei des Landlebens. Die erbärmliche Architektur des Umbaus. Die Verwahrlosung von Gebäuden und Gelände. Wiese und Weide zum größten Teil Brache, Tierhaltung auf drei Schafe reduziert, die Ställe abrißreif, die ehemalige Schnapsbrennerei an einen Sexualtherapeuten vermietet, der Kornspeicher an einen depressiven Polizisten, dessen Frau töpfert im Gärtnerhaus, töpfert tagelang stumm vor sich hin, weil auf dieser kostbaren Erde, auf diesem fruchtbaren Land jeder seinen Fimmel pflegt!

INSA Die Nebengebäude hat Elaine unter sich. Aber sie kümmert sich zu wenig darum.

LISSIE Inzwischen, sagst du, ist es hier recht still geworden? Wie mag es erst im Winter sein?

INSA Die Tage ohne Gäste sind ja immer sehr, sehr späte Tage. Man sitzt dicht beim Radio, man hört eine Sturmwarnung nach der anderen.

LISSIE Hast du was dagegen, wenn mein Sohn deine Tochter bekriecht?

INSA Dein Sohn? Wie alt? Ich habe ihn nie gesehen.

LISSIE Du hast ihn nie gesehen? Timm? Du kanntest ihn als Kind. Er ist vorige Woche siebenundzwanzig geworden.

INSA Dein Sohn ist der Sohn meines Mannes. Meinst du die beiden?

LISSIE Der Zufall hat's geschafft, sie haben sich gefunden. Fast ein Geschwister-Märchen. Sie ist scharf auf ihn, nicht umgekehrt.

INSA Wenn Elaine auf irgend jemanden scharf wäre, dann endlich, weißgott, wäre sie aus dem Gröbsten raus.

LISSIE Kennst du sie? Brav sitzt sie neben dir am Mittagstisch. Brav bügelt sie die Wäsche. Brav schaut sie, was du brauchst. Doch in ihr stecken ungeahnte Scheußlichkeiten.

INSA Elaine mit beinah dreißig noch zu Haus! Sie wird mich nie verlassen. Ich sehe sie trampeln auf endlosen Fitnessbändern. Schlendern an endlosen Bartheken entlang, an endlosen Männerriegen. Ohne sich zu bedienen. Nicht einer, der sie mir abspenstig machen könnte. Elaine kann es nicht sein, die sich an deinem Sohn vergreift.

LISSIE Aber ja. Wir rücken noch ein Stückchen näher zusammen, wir vier.

INSA Was meinst du? Mach mich nicht unruhig.

LISSIE Wir haben nichts geahnt. Warum ahnen wir nichts mehr? Wenn zwei Weiber, nah bei-
einander, Mütter, es nicht ahnen, wer sonst?

INSA Wenn Gefahr droht. Es droht doch Gefahr, oder?

LISSIE Wenn ich's nur wüßte. So wie wir reden und vor uns hinstarren, das ist an sich schon
ein übles Vorzeichen.

INSA Das Schlimmste ist, wenn man's nicht mehr mitbekommt, daß irgend etwas in der
Luft liegt. Altersbeschwerden.

LISSIE Das Reh wittert, der Hund jault, uns trifft's unverhofft.

INSA Zwei satte Taflerinnen, die sich vom reichen Tisch nicht mehr erheben können.

LISSIE Nicht mehr hochkommen. Alle Teller leer gegessen, alles abgeschleckt und aufge-
pickt.

INSA Die letzten Krumen vom Gedeck. Weil nun kein Gang mehr folgen wird. Und auch
kein Nachschlag mehr zu erwarten ist.

LISSIE Vollkommen erwartungslos, zwei leere, lange Gesichter.

INSA Und nehmen die Serviette zum x-ten Mal vom Tisch,

LISSIE Wischen sich zum x-ten Mal die Mundwinkel aus,

INSA Und legen sie zum x-ten Mal geknautscht zurück.

LISSIE Wehe, die eine versucht sich zu erheben. Wehe, sie versucht endlich aufstehen vom
düsteren Tisch.

INSA Da schreit schon die andere ohne Erbarmen …

LISSIE Sitzen bleiben! Niemand verläßt die Tafel!

INSA Keine von uns beiden, auch wenn nichts mehr, niemals wieder etwas serviert wird!
Lach nicht!

LISSIE Licht aus!

223

Heinrich von Kleist · MEINE LIEBSTE MARIE, WENN DU WÜSSTEST, WIE DER TOD UND DIE LIEBE SICH ABWECHSELN, UM DIESE LETZTEN AUGENBLICKE MEINES LEBENS MIT BLUMEN, HIMMLISCHEN UND IRDISCHEN, ZU BEKRÄNZEN, GEWISS DU WÜRDEST MICH GERN STERBEN LASSEN. ACH, ICH VERSICHERE DICH, ICH BIN GANZ SELIG.

An Marie von Kleist, den 21.11.1811, am Tage seines Todes

JUTTA LAMPE · Faszinierend war für mich und wohl für alle von Anfang an, wie Peter Stein Schauspieler motivieren kann, was er weiß von den Figuren, vom Stück, vom Autor oder Dichter, und er weiß viel über das Theater; wie man das Wissen und das Empfinden auf die Bühne überträgt. Er kann mit großem Gespür sehen, schauen, mit großem Interesse, mit Neugierde und Liebe für die Schauspieler. Er sieht genau, wo der Schauspieler Unterstützung und Hilfe braucht, und kann ihnen meistens helfen, aber er sieht auch genau, wo es nicht stimmt, und bleibt hartnäckig. Ich bin heute noch traurig darüber, daß es keine Aufzeichnungen von seinen Proben gibt. Viele junge Menschen, Schauspieler und Regisseure, könnten noch davon lernen und wären froh. So wie jeder Schauspieler noch heute viel lernen kann von der Aufzeichnung der Proben zu *Kabale und Liebe* von Kortner.

226

ALFRED BRENDEL

Uns gemeinsam   *einer Schauspielerin*

Etwas sagen
Etwas zum Vorschein bringen

Zugleich singen und sprechen
wie in Mozarts Opern

Mit Klang oder Stimme
den Ablauf der Zeit ordnen

Körperhaft sich bewegen
in Sprache und Klang

Sich selbst nicht genügen
also Rollen spielen

dem Autor dem Text dem Stück
liebevoll kritisch zu Diensten

fürchtend
daß die Lust am Widerspruch
die Verführung der Willkür
der dogmatische Scheinwerfer der Idee
dem Meisterwerk sich aufdrängen möchte von außen

hoffend
daß das Wort die Töne die Aura
im glücklichsten Fall
auf uns übersprängen
den Charakter uns aufschließend von innen
denn auch Musikstücke
sind Charaktere

Bereit in alles sich zu verwandeln
ohne sich zu verlieren

deutlich zu sein ohne Zwang
fühlend ohne Schwall

jederzeit den nächsten Augenblick zu planen
zugleich sich überraschen zu lassen

sich preiszugeben
gleichwohl zu verschwinden

Roland H. Wiegenstein · IMMER SIE SELBST, IMMER EINE ANDERE. EINE ERINNERUNG Wem sich ein Bild aus der überbordenden Aufführung von Ibsens *Peer Gynt* einprägte – war es nicht das von Jutta Lampe als Solveig mit dem toten Peer auf dem Schoß, diese säkularisierte Pietà? Auch in späteren Aufführungen sind es oft solche statuarischen Pathosbilder gewesen, die unvergesslich blieben: die strahlend helle Athene etwa am Schluss von Aischylos' *Orestie*, die die schrecklichen Rachegöttinnen in die Eumeniden verwandelte, in Schutzgeister der Polis.

Norbert Miller · ALBUMBLATT FÜR JUTTA LAMPE Die Verzauberung begann mit dem
ins Rätsel gehüllten Schluß des *Peer Gynt*, mit dessen verwirrter Heimkehr am Ende seiner
Tage, am göttlichen Geist verzweifelnd, der ihn durch die Welt getrieben hatte. Beim Heraus-
treten Solveigs aus der Hütte in die feiertägliche Morgendämmerung änderte sich auch die
Atmosphäre, als ob alle Unrast und alle Verlorenheit von den beiden abgefallen wäre und ein
anderer, nur sie beide in sich schließender Zustand die Zeit zum Stillstand zwinge. Nicht viel
mehr als zwei Seiten hat Ibsen für dieses ins Gleichnis, in die religiöse Metaphorik ausgreifende
Ende verwendet. Ein schwieriger, von der Regie wie von den Schauspielern eigentlich nicht zu
bewältigender Augenblick des Gegenschubs, der den phantastisch-langgesponnenen Irrfahrten
des Helden in der überraschenden Wendung Sinn und Bestimmung gibt. Aus dem »Langen
Schweigen«, das die Regieanweisung vor den Sonnenaufgang und das ihm zugeordnete Wiegenlied Solveigs stellt, hatte Peter Stein das langsame Zeitmaß der ganzen Schlußszene gewonnen.
Bruno Ganz und Jutta Lampe antworteten sich, als wäre jeder Satz ins Schweigen gebunden.
Uns Zuschauern, an den raschen Wechsel der Schauplätze und Ereignisse, an die Unstabilität
der handelnden Personen über zwei Tage hin gewöhnt, zerrte diese Verlangsamung, dieser mit
Assoziationen sich immer mehr aufladende Moment vor dem Schlaflied an den Nerven. Und
doch erinnere ich mich nicht einer einzigen Unterbrechung des Spannungsbogens durch Hu-
sten, durch Lachen, durch Ungeduld, weder bei der ersten, noch bei einer späteren Aufführung
des Stücks. Nur die Intensität dieser in Rätselworte aufgelösten Versöhnung und nur die voll-
kommene Musik dieser beiden Stimmen konnten dieser Pietà-Szene und dem ins Ungewisse
ausklingenden Wiegenlied Anteilnahme verschaffen.

In den aufgeregten Zeiten der Premiere am Halleschen Ufer, vor einem nach politischer Veränderung strebenden Publikum, konnte das Wagnis eines solchen Schlusses nur gelingen, wenn
der Wechsel der Stimmen, in Stille eingesenkt, die Aura des Konzertsaals auf die Bühne über-
trug. Bruno Ganz' Timbre, mir seit München vertraut, hatte dem bekennenden Raisonnement
des alternden Peer Gynt unzerstörbare Kraft gegeben, ehe er sich in einer letzten Metamorphose
unter Solveigs Urteil beugt. Nichts war da feige Selbsteinkehr. Noch im ausgesprochenen Wort
der Reue blieb das Bewußtsein seiner Berufung im Tonfall erhalten. Erst der helle Streicher-
klang von Jutta Lampes Stimme konnte Solveigs Auftritt – »das Gesangbuch ins Tuch geschla-
gen, einen Stab in der Hand, hoch dastehend und gütig« – aus der Bertel-Thorvaldsen-Starre
erwecken und in den Augenblick letzter Aussöhnung überführen, wie das sonst nur der Musik
gelingen kann. Die vom Dichter noch einmal beschworenen Motive und Stimmungen waren
da wie schattenhafte Ausweichungen und Nuancen der schwebenden Kantilene beigegeben.
Gelegentlich sank die Stimme – so glaube ich mich noch jetzt zu erinnern – wie unter innerer
Erregung ins Dunkel ab, als wäre da noch eine andere, bedrohlichere Schicht des Gesangs,
ohne die Einheit des Trosts und der Klage auch nur für einen Wimpernschlag aufzuheben. Die
Verzauberung hielt über das Aufführungsende hinaus und löste sich nur zögernd in den allge-
meinen Jubel. Für mich blieb der Zauber über all die Jahre gegenwärtig. Von den schon damals

legendären Aufführungen am Bremer Theater wußte ich nur aus Kritiken und aus Freundesberichten. Nach Zürich, wo Peter Stein im Jahr zuvor das von mir besonders geliebte Drama *The Changeling* von Thomas Middleton inszeniert hatte, konnte ich äußerer Umstände halber nicht reisen, und auch als Mascha in Bert Brechts *Mutter*, ihrer ersten Schaubühnenpremiere, hatte ich sie bis dahin nicht gesehen. Danach freilich habe ich – wer nicht? – für lange Jahre kaum eine Inszenierung an der Schaubühne ausgelassen, wo immer ihr Standort war. Ich habe über die Wandlungsfähigkeit Jutta Lampes gestaunt, über diesen nicht endenden Reigen untereinander eigentlich unverträglicher Rollen, der von der Marianne in den *Geschichten aus dem Wiener Wald* bis zur Rosalind in Shakespeares *Wie es euch gefällt*, von der nach Paris verschlagenen Leonida in Labiches *Sparschwein* zur ordinären, wider den Stachel löckenden K in *Kalldewey*, *Farce* von Botho Strauß. Jede ihrer Figuren hatte einen innersten Ort, von dem aus sie zwingend agierte und auf den alle Register ihrer so wunderbar intonierenden Stimme, als wäre diese höchste Kunst die natürlichste Sache von der Welt, wieder zurückverwiesen. Wie vielfältig in die Veränderungen der Gegenwart eingeflochten die tragenden Rollen in der Abfolge der Dramen von Botho Strauß! Wie differenziert über die Jahre ihre Deutung der Charaktere in Tschechows todtraurigen Komödien, die im Regie-Theater mehr und mehr an die Stelle des älteren Repertoires zu treten hatten! Am wichtigsten blieben für mich – aus bloßer Sentimentalität, aus Vertrauen in einen Grundzug der Schauspielerin Jutta Lampe – ihre »klassischen« Rollen: die Athene in der *Orestie* des Aischylos, die Titania im *Park*, die Alkmene in Klaus Michael Grübers unvergessener *Amphitryon*-Inszenierung und schließlich, ganz auf das Wagnis des Verses ausgerichtet, die Phädra in Jean Racines für Deutschland so verlorenem Meisterwerk. Der konzertierenden Vollkommenheit ihres Sprechens ist – wir wußten es seit ihrer Deutung der Leonore von Este im *Torquato Tasso* und der Natalie im *Prinzen von Homburg* – einzig das hohe Drama und dessen Kunstanspruch ganz angemessen. Der Zauber des *Peer Gynt*-Schlusses freilich hat alles überdauert, er ist oder er scheint mir so gegenwärtig, als sei das Heute vom Damals kaum geschieden.

Norbert Miller

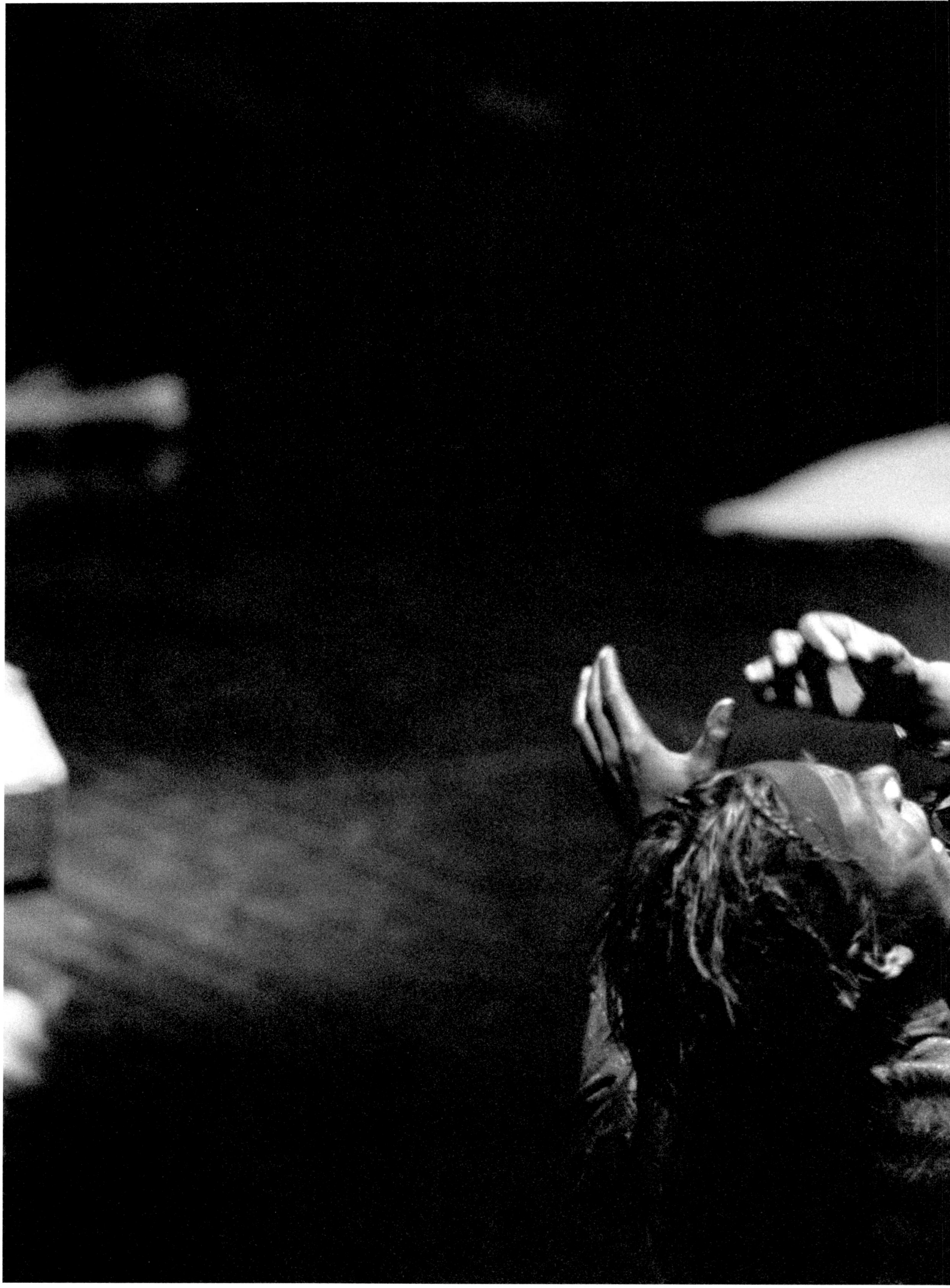

253

254

Elisabeth Bergner

258

ATHENE Höre jetzt meine Satzung, Volk von Attika.

Ihr seid das erste Gericht,

das über Blutvergiessen urteilen wird.

Doch auch in Zukunft und für alle Zeit

soll dieser Gerichtshof

dem Volk von Athen erhalten bleiben.

Hier, wo wir uns versammelt haben,

hatten die Amazonen einst ihr Lager.

Hier schlugen sie ihre Zelte auf,

als sie hasserfüllt gegen Theseus

einen Kriegszug unternahmen.

Sie bauten gegen die Stadt

eine neue Stadt,

der Akropolis gegenüber eine Gegenburg.

Hier opferten sie dem Kriegsgott Ares,

und seit der Zeit

heisst dieser Felsen Ares-Hügel, Areopagos.

Und so, Areopag, nenne ich dieses Gericht.

Von hier aus wird die Ehrfurcht der Bürger

und die Furcht, die ihr verwandt ist,

dem Unrecht zu wehren

und das Recht zu bewahren suchen,

bei Tag und bei Nacht,

solange die Bürger selbst

nicht die Gesetze

durch üble Zusätze verderben.

Trübe klares Wasser mit Schlamm,

und du kannst es nicht mehr trinken.

Weder der Anarchie

noch der Despotie sich zu beugen,

sondern sich davor zu schützen,

rate ich den wachsamen Bürgern,

und Furcht und Schrecken nicht

gänzlich aus der Stadt zu verbannen.

Denn wer vor nichts zurückschreckt

unter den Sterblichen,

wie achtet der wohl das Recht?

Wenn ihr
in solcher Ehrfurcht die Gesetze bewahrt,
habt ihr ein rettendes Bollwerk
für das Land und die Stadt,
wie es kein anderes Volk besitzt,
nicht einmal die Skythen
oder die Spartaner.
Frei von Gewinnsucht, unbestechlich,
Ehrfurcht gebietend, rasch zupackend,
wachsam über den Schlaf der Bürger,
so sei dieser Rat der Richter
von mir
als Schutz des Landes eingesetzt.
Ich spreche so ausführlich,
damit meine Bürger
es für alle Zukunft bewahren mögen.
Jetzt erhebt euch,
nehmt eure Stimmsteine
und sprecht Recht,
wie ihr es geschworen habt.
Alles ist gesagt.

CHRISTIAN MEIER · Berlin, 18. Oktober 1980. In der Schaubühne am Halleschen Ufer ist Premiere: *Antikenprojekt II. Die Orestie des Aischylos.* »Keine Bestuhlung. Sitze sind die Treppenstufen« steht auf den Eintrittskarten. Ich aber hatte einen schweren Bandscheibenvorfall noch nicht überstanden. Die Fahrt im Auto vom Rhein nach Berlin war mühsam. Kein Gedanke daran, mich auf den flachen Stufen hinzusetzen. Also stehen! Möglichst mit etwas Halt an der Wand. Die Plätze wechselten. Bei den *Eumeniden* kam ich zufällig ganz oben rechts an der Tür zu stehen.

Jahrelang hatte ich mich mit der *Orestie*, speziell mit den *Eumeniden* auseinandergesetzt. In immer neuen Anläufen. Den Text übersetzt, interpretiert, auf die Problematik der Entstehungszeit bezogen. Das Politische daran, irgendwie auch das Athen um 460 v. Chr. war mir – soweit so etwas überhaupt möglich ist – einigermaßen vertraut. Wie sich solch ein Drama auf der Bühne vollzog, vollziehen kann, damit hatte ich mich zwar auch beschäftigt, aber eigentlich wußte ich es nicht.

Gebannt war ich dem *Agamemnon*, den *Choephoren* und dem ersten Teil der *Eumeniden* gefolgt: Das alles leibhaftig verkörpert vor sich aufgeführt zu sehen, zu hören, in ein und demselben Raum, das könnte mich schon etwas entrückt haben.

Dann aber stand plötzlich die Göttin selbst neben mir, zum Anfassen nahe. Unglaublich. Ein/zwei Minuten mag es gedauert haben, bis sie am gespannten Seil auf die Orchestra geschwebt war und dort das Heft in die Hand nahm. Und ich sah nicht nur, was ich solange studiert und mir vielleicht vorgestellt hatte, sondern viel mehr noch.

Sie stellte Athene nicht dar, nein, sie *war* die Göttin. Mit einer minimalen, für das Spiel lebensnotwendigen Einschränkung. Sie *war* die Tochter des Zeus, die Jungfrau, die als einzige Zugang zu seinen Blitzen hatte, die nicht versäumte, die wütenden Rachegeister, die Erinyen das wissen zu lassen, die aber nicht daran dachte, darüber hinaus praktischen Gebrauch davon zu machen. Nein, ihre Sache war die der *peitho*, der Überredung. Auch wenn sie ein handfestes Angebot machen konnte, die Rachegeister mußten erst dazu gebracht werden, es anzunehmen – durch Anmut.

Seit Homer finden wir die Rede von der Anmut, die eine ganz besondere Gabe der Götter ist. Sie eignete den großen und den kleinen Versöhnern, welche die Griechen immer wieder brauchten, weil sie keine Staaten hatten, keine Polizei – und doch heftige Konflikte auszutragen, die Konflikte der Freien. Und auch hier, in einer Situation an der Schwelle des Bürgerkriegs konnte Gewalt nicht die Lösung sein.

Daher die Anmut, ihre Anmut, jene Versöhnungsgabe, jener sanfte Versöhnungsdruck, jene Überlegenheit, die nicht zuletzt aus vorgeblicher Unterlegenheit erwächst; sich nichts anmaßt, nie weiß, ob sie Erfolg hat und doch getragen ist von der Gewißheit, zumindest der Notwendigkeit des Erfolgs; alle Worte, um so bestimmter als bescheidener. Und da es nicht an ein griechisches, sondern an ein deutsches (oder auch: modernes) Publikum sich richtete, mit einem winzigen Schuß Ironie, das eben war die Einschränkung und die wundervolle, die gar nicht zu übertreffende Voraussetzung dafür, daß diese Göttin wirklich die Göttin *sein* konnte.

263

CHRISTIAN MEIER · In dem Moment, in dem Orest frei ist, drohen die unterlegenen Rachegeister der Stadt, deren Gericht ihnen so übel mitgespielt hat. Vernichtung der Ernten, Pest, Bürgerkrieg wollen sie senden. Athene hat alle Mühe, sie zu besänftigen. Viermal muß sie ansetzen, bis sie sich endlich versöhnen lassen. Dies aber wird möglich durch drei Faktoren: Athene macht ihnen ein Angebot: Sitz und Ehren in der Stadt. Sie ist überaus geduldig, läßt sich von keiner ihrer unversöhnlichen, heftigen Antworten entmutigen. Vor allem aber kommt ihr Peitho, die Göttin der Überredung, zu Hilfe. Und die gibt schließlich den Ausschlag. »Wenn dir die erhabene Macht der Peitho heilig ist – die Versöhnungskraft, die Zauberkraft des Wortes, schmeichelnde Verführung durch meine Zunge – so wirst du bleiben«, sagt die Göttin in der interpretierenden Übersetzung, die Peter Stein für die große Aufführung der *Orestie* an der Berliner Schaubühne verfaßt hat. »Du bezauberst mich, du scheinst mich zu überreden, und ich spüre, mein Zorn läßt nach«, so antworten bald darauf die Erinyen. Schließlich zieht Athene das Fazit: »Und ich liebe und preise die Augen der Peitho, die mir auf Zunge und Lippen ruhten, daß ich die wild sich Sträubenden zu überreden vermochte. Doch Zeus Agoraios hat hier gesiegt. Und der Streit um das Gute möge bei uns für alle Zeit den Sieg davontragen.«

So wichtig also das Angebot an die Erinyen und die Geduld der Göttin ist, eins wie das andere hätte nichts vermocht ohne die Peitho, das heißt aber die Anmut der Athene, die in der Berliner Aufführung nahezu unwahrscheinlich offenkundig wurde in der Darstellung Jutta Lampes. Peitho und Charis hängen nämlich für die antike Auffassung aufs engste zusammen. […]

Was aber bedeutet dann die Anmut der Athene in diesem Zusammenhang? Spiegelt sich auch darin ein Stück möglicher Realität, ein konkret anzustrebendes Vorbild? Oder suchte Aischylos mit ihr nur etwas überirdisch Wunderbares zu beschwören? Immerhin fällt auf, wie stark, wie ausführlich er die Bedeutung der Anmut für die Versöhnung herausstreicht. Man kann darauf hinweisen, daß in manchen Zeugnissen der archaischen Zeit die Anmut des Politikers, wie immer sie im einzelnen vorzustellen ist, als bedeutender Teil seiner Wirkung erscheint. »Was nützt es, von gutem Geschlecht zu sein, wenn einem weder in den Worten noch im Rat Anmut folgt?« heißt es einmal. Besonders interessant ist, daß um die Zeit der *Orestie* die plastische Darstellung der Athene wundervoll anmutig und – was zumal für die Antike damit zusammenhängt – jugendlich zu werden beginnt. Vielleicht auch eine Wirkung der aischyleischen Göttin? Oder stand diese unter dem Eindruck jener? Oder erwuchsen sie beide aus der gleichen Wurzel, bedingten sich vielleicht gar wechselseitig?

Andererseits fragt sich, wie solche Anmut gerade damals in der athenischen Wirklichkeit etwas hätte ausrichten sollen. Angesichts so handfester Interessen und Gegensätze und der Drohung des Bürgerkriegs. Ist es also nicht doch ein Holzweg, wenn man hier nach einem Zusammenhang von Politik und Anmut sucht? Oder könnte er bestenfalls in der Macht der Bestrickung bestehen?

An der zweiten Stelle, an der dieser Zusammenhang im fünften Jahrhundert direkt bezeugt ist, werden der ganzen attischen Bürgerschaft auf höchst auffällige Weise »Anmutigkeiten«

zugesprochen. Thukydides läßt nämlich Perikles in seiner Rede auf die gefallenen Athener den Preis der Stadt in den Worten zusammenfassen, Athen sei, im Ganzen genommen, die hohe Schule Griechenlands; »für sich aber« – ich übersetze wörtlich – »so will mir scheinen, bietet sich bei uns jedermann zugleich für die meisten Dinge und mit Anmutigkeiten höchst gewandt als eigenständige (autarke) Persönlichkeit dar.« Perikles fährt fort, daß dies nicht bloßes Gerede sei, sondern Tatsache, bezeuge die Macht, welche die Stadt auf Grund solcher Eigenart gewonnen habe.

DIETER STURM · Ich habe meine Arbeit gerade bei Projekten wie dem *Antiken-Projekt* immer als eine im wesentlichen destruktive Arbeit begriffen. Das heißt, die Art der Arbeit mit den Schauspielern besteht für mich in einem ganz starken Maße nicht so sehr im Anhäufen von Wissen oder in der Durchleuchtung von Dingen oder in Analyse, sondern sie geht dem voraus und ist damit gleichzeitig unteilbar verbunden. Ich nenne es die Destruktion von Scheinwissen und das Hinterfragen von vorschneller Analyse – und das bezieht die Feststellung und Anerkennung dessen, was man im Moment oder grundsätzlich vielleicht überhaupt nicht wissen kann, mit ein. Darin enthalten ist ein Moment von Zögern, von Verharren, das in unserer Arbeit einen ganz breiten Platz einnimmt, und auf dieser Basis sind dann mitunter tatsächlich wieder ganz überraschende Fragestellungen möglich. Deswegen habe ich mich auch so dagegen verwahrt, die Ziele unseres Theaters mit dem Wort »Aufklärung« zu bezeichnen. Man kann bei uns in steigendem Maße davon ausgehen, daß es nicht irgendwelche gesicherten Maximen gibt, von denen nur noch Dinge abzuleiten wären und die es sozusagen nur noch in den Zustand der Anwendung zu überführen gilt, um das gewünschte Resultat zu bringen.

266

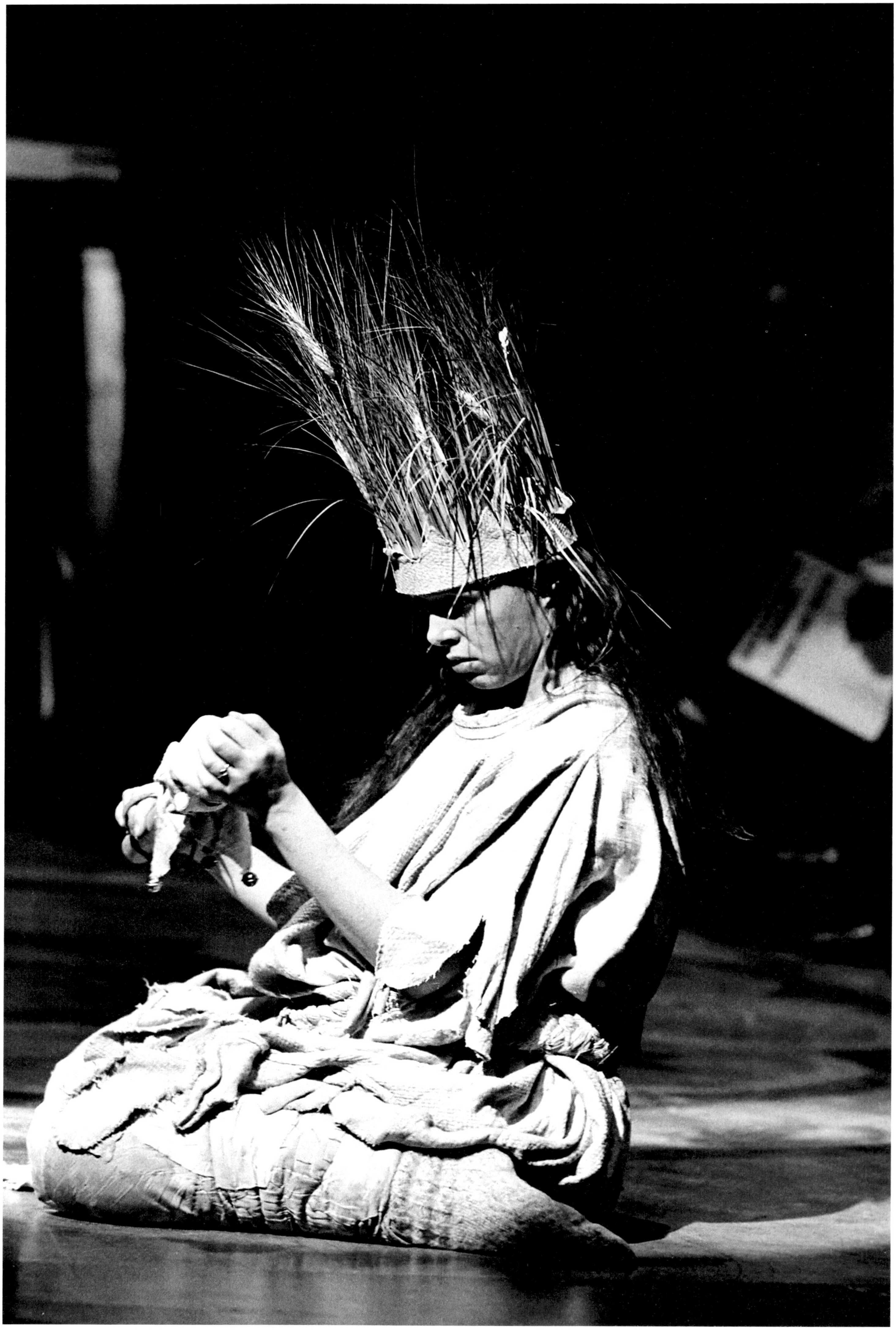

MATTHIAS LILIENTHAL · Ins Theater gefunden habe ich über die Schaubühne. Jutta Lampe spielte in *Wie es euch gefällt*, und die Produktion wurde in den CCC-Filmstudios in Spandau gezeigt. Sie spielte die Rosalind. Friedrich Luft nörgelte rum und mochte die Inszenierung nicht und ich verliebte mich in diese Art von Hosenrolle. Es war auch der außergewöhnliche Raum, der mit mehreren Bühnen verschiedene Welten entwarf, so den Ardenner Wald. Zusammengehalten wurde diese heterogene Welt für mich von Jutta Lampe. In diesen Wald zu kommen war schwierig: Man stand mehrere Stunden an, um die Karten zu bekommen. Also sie ist schuld, dass ich das mache, was ich mache – nur vielleicht nicht *wie*.

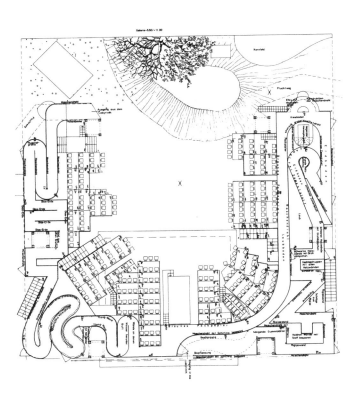

Tilman Krause · EINSTIEGSDROGE ROSALIND Ich selbst stieg vor 26 Jahren ein in jene Droge, die da Lampe heißt. Ihre Rosalind in Shakespeares *Wie es euch gefällt*, ihre jungmädchenhafte Irrwisch-Nummer im Ardenner Wald, der damals so verwirrend erblühte, dieser ganze Zauber eines konsequent zur Illusionsbildung entschlossenen Theaters wird für mich immer an Jutta Lampe gebunden sein, denn an diesem Abend erfuhr ich, ein 18-jähriger Hannoveraner Gymnasiast auf Klassenfahrt, dass man in das Theater wie in eine Parallelwelt versinken kann – unbewusst, höchste Lust.

Ich bin dieser Rosalind-Lampe wieder begegnet in ihrer Ophelia, auch in ihrer Phädra, die sie ähnlich somnambul als erweiterte Sterntaler-Figuren angelegt hat, als ein einziges Sichoffenhalten für die großen Gefühle, für Liebe und Schmerz. Ich habe dann ihre Bewusstseinsgelenkigkeit, ihre zeitkindhaften Studien in Luxusneurosen gesehen, die Botho Strauß ihr auf den Leib geschrieben hat. Aber ich habe doch immer den Eindruck gehabt, dass diese Schauspielerin nie so sehr sie selber war wie in den beiden großen Tschechow-Aufführungen der alten Schaubühne, wie in den *Drei Schwestern* und im *Kirschgarten*, die ich, wie viele Menschen meiner Generation, als ästhetische Offenbarungen erlebte.

Wieder war es die verführerische Parallelwelt, eine sagenhafte Dichte der Atmosphäre in einer Ausstattung von nie da gewesener Üppigkeit, die das Erleben so intensiv machte. Aber es war da auch der in den achtziger Jahren wiedereroberte Raum des Privaten, der vor allem bei Steins *Drei Schwestern* von 1984 in der sagenhaften Schönheit des russischen Ambiente vollgültig Gestalt annahm. Und es war der elementare Ansatz dieses eminent einfühlsamen Regisseurs, der Tschechows Reigen der Vergeblichkeiten als eine weitere Variation in dem sehr deutschen Liede »Wo ich nicht bin, da ist das Glück« zu inszenieren wusste.

Und diese ganz spezifisch deutsche Sehnsuchtskultur konnte eben niemand so umsetzen wie … Jutta Lampe, das Mädchen von der Ostseeküste, das mit den wehmütigen Gedichten Theodor Storms aufgewachsen sein wird, es saß da, im ersten Akt der *Drei Schwestern*, saß, als Mascha, dabei an Irinas Geburtstag, schaute, erstarrt, in den Brummkreisel, den plötzlich einer der Offiziere in Bewegung setzt, und die ganze öde lange Restzeit, die unser Leben nach dem Abschied von der Kindheit darstellt, sie lag als seliges Erinnern und als schmerzliches Begreifen in ihrem Blick. Ich möchte schlafen, aber du musst tanzen …

Diese Theaterkultur, dieses Vermögen, Theater zum Gesamtausdruck unseres Lebensgefühls zu machen, gibt es nicht mehr. Aber ein Hauch davon, ein farbiger Abglanz, könnte in diesen Tagen wieder lebendig werden, da Jutta Lampe unter uns ist. Mit wem, wenn nicht mit ihr, könnte dieses ausgebrannte Berlin noch einmal leuchten?

JUTTA LAMPE · Rosalind war mir eigentlich sehr fremd – aber ich hatte eine unglaubliche Neugierde: Was ist das bloß für ein Mädchen? Meist versuche ich, aus eigenen Erfahrungen bei der Arbeit zu schöpfen: diese Empfindung der Figur kenne ich, dieser Gedankengang ist mir nicht fremd, diese Ängste, diese Sehnsüchte sind mir bekannt – als ich anfing, die Rosalind zu probieren, als da simpel gefordert war: jetzt spiel doch einfach mal, da hatte ich dazu überhaupt keinen Erfahrungsfundus, glaubte den nicht zu haben. Und deshalb wollte ich immer die Liebe noch mitspielen und andere Empfindungen, von denen ich meinte, daß ich sie unter dem Text mitspielen müßte. Dabei ist die Rolle dadurch definiert, daß Rosalind *nicht* zeigt, daß sie liebt – dadurch, daß sie den Jungen spielt, und zwar so sehr und so gut spielt, daß sie zeitweise wirklich der Junge *ist*, sie entdeckt sich als zweigeschlechtliches Wesen. Als Junge, der das Mädchen spielt, und als Mädchen, das den Jungen spielt, zeigt sie ihrem Liebsten, was Liebe und Leben ist, und erfährt es auch für sich selbst, im Spiel! (…) Erfahrungen machen im Spielen – Stein hat es immer gesagt bei den Proben, daß es nur so geht mit der Rolle, ich habe es nicht glauben wollen. Und dann habe ich begriffen, daß Rosalind zaubert, spielt, sich versteckt, alle erdenklichen Tricks anwendet – und dabei und damit sagt: »hier bin *ich*«. Ich finde es wunderschön, daß das durch das Spiel in mich eingegangen ist. (…) Das Spielen der Rosalind ist ein laufender Prozeß von Selbsterfahrung für mich geworden. Ich habe begriffen, daß Arbeit am Theater nicht nur eine Frage der Mittel ist, dessen, was man kann, sondern etwas, das die eigene Person angreift, das eigene Leben in mich einbringt, eigene Erfahrung. Und dabei trägt mich in *Wie es euch gefällt* kein großer Text, als Schauspieler bin ich wirklich nur das, was da aktuell passiert – ich kann jeden Augenblick abstürzen; insofern hat Theaterspielen schon ganz konkret etwas zu tun mit den artistischen Übungen von *Shakespeare's Memory*. […] Ich bin eine Frau und kann als Mann *und* Frau die Schönheiten und Schrecklichkeiten von Liebe und Leben durchspielen. Das ist ein utopisches Moment von Identität an dem mythischen Ort »Wald«, auf dem Theater, an dem Ort der Möglichkeiten. Diese Situation kostet Rosalind voll aus. Und das Ende, die Abkehr vom Wald, die Rückkehr von der Bühne ist nicht nur glücklich, sondern auch sehr traurig.

285

DIETER STURM · Ich beispielsweise halte von den viel strapazierten Begriffen der Werktreue oder der Nichtwerktreue und dergleichen herzlich wenig. Ich halte sie nicht für besonders erkenntnisträchtig und das sind alles Dinge, die – wenn sie überhaupt einen Sinn haben – sich mit diesem Sinn nur aufladen können anhand des Gesprächs und des Erlebens einer aktuellen Aufführung. Denn es ist ja so, daß an einem von Literatur heraufgerufenen oder mit Literatur verbundenen Theater mit diesen Texten ja auch noch etwas ganz anderes geschieht als nur ein Dienen.

Auf der einen Seite nehmen diese Texte eine ganz und gar andere Gestalt an: Ein literarischer Text kann in einer solchen Tätigkeit des Schauspielers und des Regisseurs durch den Leib oder die Leiber oder den Gesamtleib eines Ensembles hindurchgehen, und dort bereichert er sich, dort verändert er sich, dort nimmt er quasi von sich selbst Abschied, um eine ganz andere Existenzweise, die ja auch ephemer ist, die nur Stunden oder Minuten dauert, anzunehmen. Und diese Art von Aufeinandertreffen eines festgelegten Textes mit einem dauernden Moment, mit einer nervösen Zeitlichkeit, mit etwas, was auf das Glück oder Unglück und auf die eine Lebens- und Kunst- und Bewegungsminute abgestellt ist, dieses wechselseitige Durchdringen, das seinen Ort findet, indem es durch einen Schauspieler, durch dessen Möglichkeiten, auch durch dessen Gemütslagen, durch dessen Timbre und die Intentionen und die Maßnahmen eines Regisseurs, durch lauter Lebendiges hindurchgegangen ist, ist eine Bewegung, durch die die Literatur ihre autonome Existenz als Text verloren hat.

Insofern ist die Werktreue eigentlich ein Unfug, und diese theatralische Begegnung, wenn es denn ein glücklicher Moment geworden ist, ist für mich eine der größten Provokationen, die ich durch künstlerische Dinge überhaupt erfahren habe. Man darf aber nicht vergessen, daß wie jede Gestaltung auch diese bedeutet: ein Weglassen. Es bedeutet auch eine Verlustform. Und es wird eigentlich an jedem Abend, indem man ein Stück eines Autors aufführt, der Text dieses Stückes in einem gewissen Sinne verbrannt. Das heißt, der Text gibt die Energie dieser Verbrennung, die die ganz spezielle dieser Verbrennung ist, an die Lebendigkeit dieses Abends ab und der Text, im strengen Sinn der Definition, ist dadurch verschwunden.

PETER STEIN · Wir wollten ein solch »grünes« Stück, wie es von verschiedenen Shakespeare-Forschern genannt wurde, ein Stück, das zusammengesetzt ist aus theatralischen Motiven, die perspektivisch hintereinander gestaffelt sind: Dinge kommen immer wieder, dieselben Worte und Bilder werden in bestimmten Abänderungen ständig wiederholt.

Ganz abgesehen davon hat dieses Stück ein Thema, das für mich unglaublich wichtig ist: Das Verhältnis zur Utopie. Die Utopie der Liebe, die Utopie des freien Lebens in der Natur, die Utopie des guten Herrschers – die kommen da alle vor. Auch die Utopie der Verbesserung der Welt durch Melancholie – natürlich ein Thema, das man sofort auf aktuelle Dinge beziehen könnte, wenn man wollte …

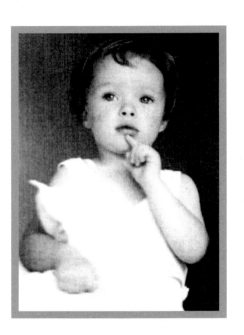

293

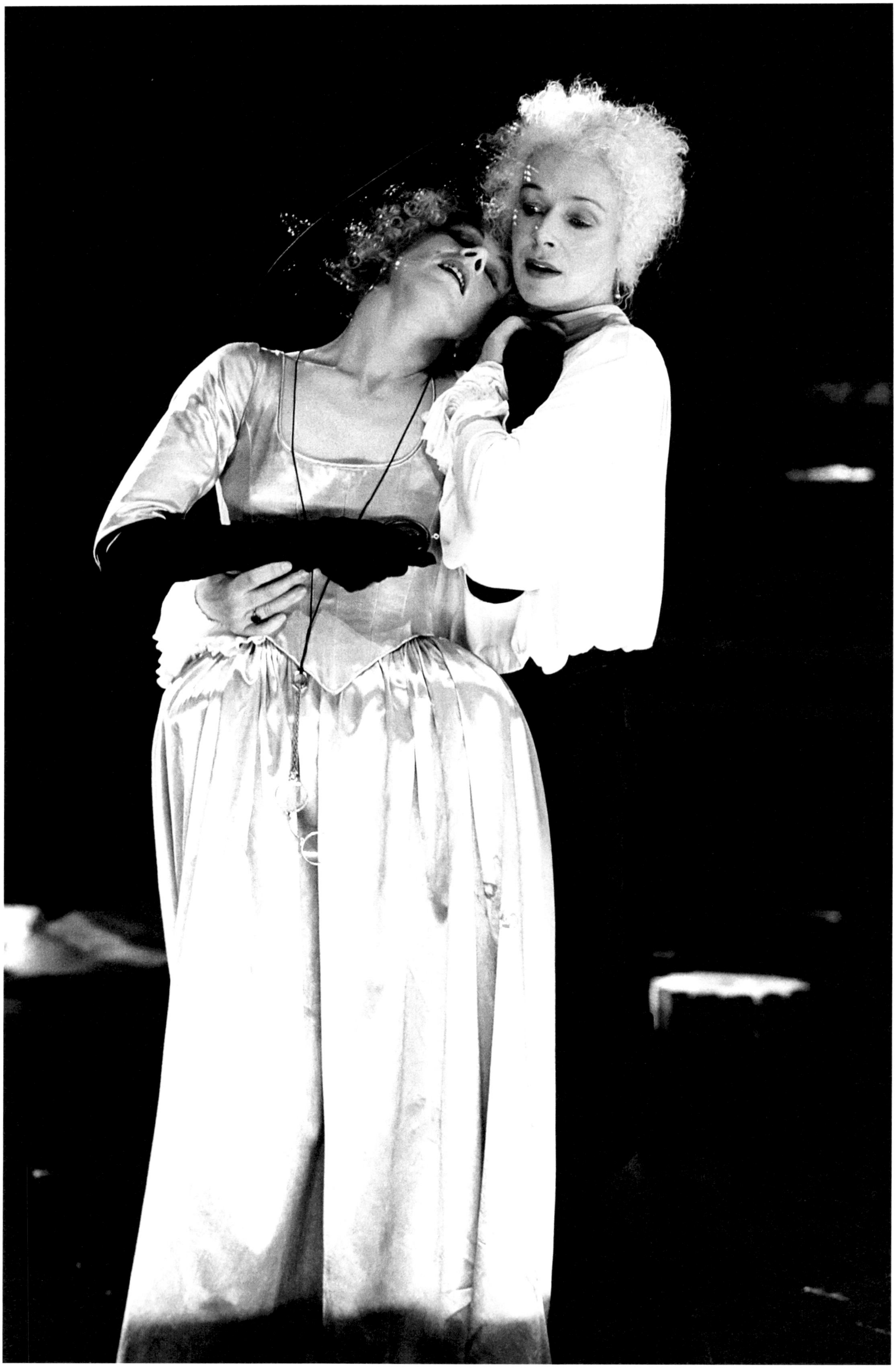

LARVATUS PRODEO
Descartes

Es gibt Masken, bei denen es schwierig ist, sie nicht für ein Gesicht zu halten.
Marivaux

Im großen und ganzen weiß ich wohl, daß die Menschen falsch sind; daß es in jedem Menschen sozusagen zwei gibt: einen, der sich zeigt, und einen, der sich verbirgt. Jener, der sich zeigt, ist jetzt der meine, ist der, mit dem zusammen ich leben muß; was jenen betrifft, der sich verbirgt, so ist er sicher auch einmal an der Reihe, daß er gesehen wird; denn schließlich muß alles auf einmal gefunden werden. Die Ewigkeit gehört nicht ganz und gar der Lüge; doch wir wollen nicht die Ordnung der Dinge stören, den Ereignissen nichts vorwegnehmen. Wenn zum jetzigen Zeitpunkt unsere Seelen auf ihre Weise ebenso bekleidet sind wie unsere Körper, so wird der Augenblick der Entkleidung für sie ebenso kommen, wie er bei unserm Tod für unseren Körper kommt.
Marivaux

Eine nicht zu leugnende Verwandtschaft verbindet die Kostümierung, welche die Pfeile des Genusses spitzt, mit den Verkleidungen, unter denen die Kritik ihre Pfeile schärft.
Jean Starobinski

Larvatus prodeo: ich nähere mich, indem ich mit dem Finger auf meine Maske weise: ich werfe eine Maske über meine Leidenschaft, mache aber mit diskretem (und gewitztem) Finger diese Maske kenntlich. Jede Leidenschaft hat letztlich ihren Zuschauer.
Roland Barthes

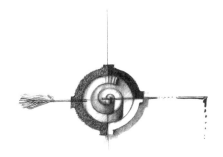

LUC BONDY · Ich mag Schauspieler nicht, die sich die Figuren wie abgeschlossene Identitäten vorstellen. Bei Tschechow sieht man am besten, daß diese Identitäten eine Entwicklung in der Zeit haben, und im Theater ist das am spannendsten zu entdecken. Gegen die Vorstellung, eine Figur zu suchen, wehre ich mich, man kann ja nicht jemand ganz anderen suchen.

Ich mag es, wenn sich die Persönlichkeit das ganze Stück über verändert. Zum Beispiel kann eine Figur, die in dieser Szene keine Chance hat, sie in der nächsten bekommen. Ein Schauspieler muß die Identität der Figur, die er verkörpern will, ständig in Frage stellen.

Eine Figur ist für mich nie etwas, das man auf einen lebendigen Menschen aufpfropft, das ergäbe außerdem nur eine banale ausgedachte Imitation. Das wäre nicht produktiv, weil Schauspieler nicht begrenzt sind … sie sind unbegrenzt! Die Herstellung einer Figur ist das Puzzle aus einer Unmenge Details, die aus der Fiktion der geschriebenen Figur wie aus der Realität des lebendigen Schauspielers kommen.

PETER STEIN · Ja, die Gescheitheit von Schauspielern. Wenn man mich ganz kalt und trok-ken fragt, dann ist das für mich zunächst einmal, wenn ich einen Schauspieler kennenlerne oder ihm gegenübertrete, nicht die allererste Frage, sondern selbstverständlich ist für mich die allerste Frage, welche Fähigkeiten hat dieser Mensch, mich durch das Inbewegungsetzen seiner Physis, seiner Psyche und auch seines Verstands zu fesseln und zu interessieren; und zwar mehr zu interessieren als zum Beispiel ein Straßenpassant. Und ich meine, daß man da nicht zu stark die Intellektualität in den Vordergrund stellen sollte, sondern die Frage heißt bei uns: Welche Schauspieler interessieren sich über die unmittelbaren Gegebenheiten ihrer Darstellungskunst hinaus, die man natürlich auch ganz ohne eine übermäßige intellektuelle Bewegung machen kann – das können ja schon Kinder, das ist ja das Tolle – für das Zustandekommen dessen, was sie beschäftigt in ihrer Arbeit; und dieses Interesse verlängert sich in allerkürzester Zeit sofort in gesellschaftliche Tatbestände. Also wir gehen nicht so vor, daß wir sagen: Bist du politisch, was immer das sein mag, dann darfst du hier arbeiten; sondern wir fragen: Bist du daran in-teressiert, über deine unmittelbaren Gegebenheiten hinaus deine Situation, deine Geschichte, die Voraussetzung für ein Stück, das du spielst, oder die Voraussetzungen des Publikums, für das du spielst, dem du gegenübertrittst, zu begreifen und zu verstehen? Hast du dafür Interesse und bist du bereit, dafür auch eine Arbeit zu leisten, auf einem anderen Sektor, als nur direkt auf der Bühne, im Zusammenspiel mit anderen Schauspielern – das ist allerdings ein sehr wichtiger Maßstab.

FOR J u You FOR You J u t t t today
FOR u You I SAY THIS daY aNd all daYs
FOR iT TTT iS FOR to SAY a a a a THAT'S iS
FOR MY WAY to SAY HOW very very FiNE an ARTIST
FOR So MANY WAYS To SAY WHAT WE FEEL iS
FOR WHAT You DO iN SUCH A LiGHT THAT TOUCHES
FOR WHAT WE ARE WHEN ARE WITH YOU WiTH
LOVE FOR YOU AND THANKS TO GORVIN TOOOO
PRAGUE DECEMBER 5TH 2009

Joachim Fiebach · ORLANDO Mein Bild, (schon) etwas unscharf, von Jutta Lampe ist eine schlanke, fast zierliche, selbstbewusste Frau, vielleicht höher als sie in Gestalt ist, eine Frau, die die Dinge abwägt und forschend Aufmerksamkeit einfordert(e). Wenn ich an den *Kirschgarten* denke, drängt sich die Unruhe, das Nervöse der späten Eleganz Ranjewskajas auf, wenn an die *Orestie*, schiebt sich der Umriss einer resolut frischen, einer jungen Göttin, der Athene, in den Vordergrund.

Solche Erinnerungsschatten verblassen vor dem tiefen Eindruck, den ihr Orlando hinterließ, vor dem Spiel des festen zierlichen Körpers, das mit der Veränderung eines vitalen jungen Manns zur Frau in einer verwirrenden Fülle von Erlebnissen und Ereignissen durch Jahrhunderte eilt, von der Renaissance bis in das England des 19. Jahrhunderts. Wilsons Inszenierung, seine geometrisch abstrahierende, gegen-illustrative, seltsam »fremde« Hintergrunds-Raumgestaltung, vor allem die Lichtregie, vom Dunkel-Nächtigen zum Hellen und zurück wechselnd, schufen den »Rahmen«, in dem sich Jutta Lampes enorme Gestaltungsfähigkeit entfaltete. Seine Technik, Orlandos Stimme nicht selten über Lautsprecher kommen zu lassen und sie so gegen die Bewegungen des »leibhaften Körpers« zu setzen, stellten diesen besonders groß als das absolut Zentrale des Abends aus. Wie mit einem Meißel formte Jutta Lampe die gestisch-mimischen Äußerungen, in der Mann-Frau Orlando die Erlebnisse und Begegnungen, das Abenteuer eines Jahrhunderte durcheilenden Lebens macht, und schien zugleich lustvoll, fast ausgelassen mit den permanent wechselnden Haltungen zu spielen: flatternde Hände, leicht aufgerissene Augen, laute leise Töne des Erschreckens, der Freude, der leise Spott in den Augen, vor allem wenn Orlando-Lampe die erlebten / erspielten Geschichten kommentiert, im Augenzwinker-Gestus Wissender, wie es meine Erinnerung sagt. Gestisch streng gesammelt in rastloser Bewegung erzählte spielerisch *eine* Frau die Fülle verschlungener Geschehnisse, die sich in Streifzügen durch verschiedene Gesellschaften und mehrere Jahrhunderte ereignen (können). Der Orlando war nicht nur eine außergewöhnliche darstellerische Leistung der spielenden Erzählerin Jutta Lampe. Sie dürfte auch ein großartiges Modell für die Bestrebungen sein, neben das auf den »Dialog zwischen Charakteren« fixierte, das Ping-Pong-Theater (nach Wilson) etwas anderes zu stellen.

Peter Iden · SO VIELE LEBEN IN EINEM Und was macht nun die Bühne mit diesem Stoff? Man blickt in einen leeren, schwarz eingefaßten Raum, in der Rückwand kann sich ein gleißend helles Rechteck zu verschiedenen Formaten verändern, vom schmalen Schlitz bis zu einer den Hintergrund ganz ausfüllenden Fläche. An Requisiten senkt sich einmal der Stamm eines Baums langsam auf die Bühne herab, später schwebt ein gewundener Schal auf die Schultern des da schon zur Frau gewordenen Orlando. Sonst kaum Dinge.

In diesem Raum bewegt sich Jutta Lampe: langsame, exakt geplante Haltungswechsel, Gesten, Gänge, die ausgewählten Wörter der Erzählung begleitend. Bisweilen ist diese Begleitung vorsichtig illustrativ, dann, zum Beispiel, balanciert die Schauspielerin auf einem Bein: Orlando läuft Schlittschuh auf der während eines Jahrhundert-Winters tief zugefrorenen Themse (die Schilderung dieses Frosts ist ein Höhepunkt des Romans, die Bearbeitung unterschlägt das unvergeßliche Bild der ins Wasser gestürzten, dann tief im Eis eingefrorenen »Frau mit dem Apfelkarren«); oder: Jutta Lampe schwankt wie auf dem Deck eines Schiffs, es ist der Moment der Überfahrt nach England. Es gibt Körperhaltungen, die den Beschreibungen in der Erzählung kongruent sind – und es gibt andere, die gegenläufig entwickelt werden, als begehre der Leib auf gegen die Wörter. Spannungen aber auch zwischen der Stimmführung und dem körperlichen Ausdruck – selber niedergesunken, am Boden, läßt Orlando die Stimme aufsteigen, als dränge sie auf Entfernung von der Lage des Körpers.

Erstaunlich ist die ironische Leichtigkeit des Wechsels zwischen den Gemütszuständen, der Trauer des Jünglings (über die verlorene Liebe zu der Russin) und der Verzückung der Frau, begehrt zu werden statt (vergebens) zu begehren. Davon erzählen die veränderlichen Erscheinungen Jutta Lampes immer wieder, in vielen Facetten: Was den Mann trennt von der Frau in der Wahrnehmung der Welt und der Reaktion darauf.

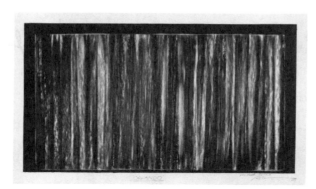

LOUIS JOUVET

Der sogenannte natürliche Ausdruck und der künstliche, der für die andern bestimmt ist – und beider Überschneidung! Und diejenigen, die keinen Ausdruck haben, und diejenigen, die zweifachen, dreifachen oder mehrfachen Ausdruck haben! Und diejenigen, die empfindsam sind, und diejenigen, die es nicht sind; diejenigen, die erregbar sind, und diejenigen, die es nicht sind, die Ausdrucksstarken und die Starren.

Und das Bedürfnis, sich auszudrücken und vorzutragen, und die Freude daran – und diejenigen, die sie nicht haben – und das Bedürfnis, die Beziehung zu spüren zwischen dem, was man ist, und dem, was man ausdrücken möchte – dieser Abstand, diese Hemmung, diese Unmöglichkeit, diese Lüge.

Und diejenigen, die es versuchen, ohne sich ausdrücken zu können! Und die Beziehung zwischen Gefühl und Ausdruck.

Und all die Abwandlungen und Variationen, die sich hineinmischen! Und die Bereiche einer jeden.

Das unbestimmte und das genaue Gefühl. Vortrag und Klang und alles, was sich dadurch verrät.

Alles, was einen Zustand, eine Haltung überträgt und verrät.

*

All dies ist eine Frage von Eitelkeit und Aufrichtigkeit. Aber man muß wissen, wie man damit spielt, und *alles beginnt mit dem* – sogleich von der Eitelkeit vergifteten – *Gefühl.*

Diese Selbstaufgabe, welche das Gewerbe verlangt, und der Betrug, in dem sich der Schauspieler ständig übt, die Sympathie, die er um sich herum erweckt, die Bewunderung und die Eitelkeit, die daran hängt und wie Unkraut wächst … das alles wird ihn für immer daran hindern, sich selbst zu kennen. Er lebt vom Widerhall seiner selbst in den anderen, und er glaubt, so zu existieren. Er lebt nur von dieser Illusion.

Es gibt eine noch größere, noch stärkere, noch höhere.

Aus ihr muß man Nutzen ziehen, aus dieser Reinheit, dieser Selbstentleertheit, die kein anderer erreichen kann als der Mystiker, der Begeisterte, der Erleuchtete.

Das Theater wird nicht durch Scheinwerfer erleuchtet, sondern durch Seelen.

Wenn er sich nicht mit Haut und Haar den Empfindungen und Gefühlen seiner Personen ausliefert, wenn er nicht verkörpert ist, das heißt leer, verkörpert er sich aus sich selbst – mit welcher Eitelkeit, ich will sagen welcher Traurigkeit. Dann füllt sich die Leere, und welche Verlassenheit, welch tiefe Betrübnis verschafft ihm die *Untätigkeit.*

Er ist in einem Gefängnis, schlimmer als die übrigen, denn er kommuniziert künstlich. Aber er hat so manches Leben, so manche alltägliche Beziehung, Bindung, die ihn leben läßt, ihn nährt und *ihn glauben macht, er habe ein eigenes Leben.*

Ein Leben, das nur künstlich ist, solange er nicht lernt, es zu leben und daraus das Mittel zur Vervollkommnung seiner selbst zu machen, sich, Laster oder Tugend, emporzuschwingen zu den Gipfeln, die umso reiner sind, als sie hier virtuell bleiben, ohne eine andere Wirkung als die moralische, handelt es sich doch um ein Stillen des Hungers ohne Raub oder um eine Verminderung des Drucks wie durch ein Sicherheitsventil.

Die Unaufrichtigkeit des Lebens, die andauernde Verstellung, die sie unseren Wünschen und Leidenschaften auferlegt, diese Flucht vor dem Leben ist verlogener als das Leben des Theaters, in dem er für einige Stunden zu Aufrichtigkeit, Selbstlosigkeit, Zuneigung, Liebe – zu all dem, was das Leben ihm verweigert – zurückfinden kann.

Wie schön sind seine Gefühle, wenn sie rein sind. Alles in ihm wird erhaben oder heroisch, selbst in der Niedrigkeit der Personen, die er spielt. Und welche Freude, den persönlichen Gefühlen zu entsagen und die kleinen Unstimmigkeiten, Traurigkeiten, Melancholien, bis hin zu körperlichen Gebrechen an dem Nagel in seiner Garderobe hängen zu lassen.

Welche Reinheit und Heiligung liegt in den Momenten, da er auf der Bühne nicht mehr seinen Feind sieht, seinen ständigen Rivalen auf der Szene, und seine Großmütigkeit ihn dazu führt, eben dem zu helfen, den er verabscheut, ihm zu ersparen, daß er strauchelt, ihm zu seiner Bequemlichkeit eine Kulissentür zu öffnen und ihm sogar das Wort zu soufflieren, das ihm entglitten ist und welches zu vergessen in einem Augenblick das Talent dieses Rivalen vernichten würde.

Alles an dir ist versöhnt im Unwürdigen, in der Grimasse, denn du siehst nicht, du weißt nicht, daß es eine Grimasse ist, da, wenn du aufrichtig bist, du die Würdelosigkeit oder Schande dieses Daseins als Simulant und Tempelschänder nicht sehen kannst. Denn du bist aufrichtig. Das ist die Form deiner Reinheit.

Aufrichtigkeit – von welcher Art ist sie?

(Ein Zwischenfall ereignet sich in seinem Leben, ähnlich dem, in den er am Abend auf der Bühne verwickelt ist. Und er weiß nicht mehr, wie er sich verhalten soll. Die Kaltblütigkeit, durch die sich sein Spiel auf der Bühne auszeichnet, verläßt ihn, und plötzlich ist er ganz anders, als er uns bislang erschien. Er ist kopflos.)

Hinter dieser Palisade, der Maske, der Verkleidung, hinter dieser Brustwehr und diesem Schutz existierst du. Das ist dein Gewerbe. Nur mußt du es wissen.

Demut – von welcher Art ist sie?

Ein anderer Schauspieler hat zu mir gesagt: »Was ich da mache, wird etwas von mir sein, vielleicht nicht etwas von Molière.«

Unwissenheit: Unbewußtheit, allgemeines Nichtbegreifen der Theaterleute – unerklärliche Tätigkeiten, erhellt, gerechtfertigt nur durch ihre Wirkungen, Resultate.

*

Und die *Echtheit*, was ist das?

Und die Beziehung zwischen *der Aufführung und der Darstellung der Rolle*.

Und das Ensemblespiel.

Und daß du dich von den andern unterscheidest.

Daß du nicht bist, was du bist.

Und daß du nicht bist, was du scheinst, während du nur das bist, was du scheinst.

Du bist nur das Erzeugnis dessen, was du den andern zu sein scheinst.

Wo bist du selbst, wenn du lebst, wenn du spielst?

Du bist nur durch eine gewisse Anstrengung vorhanden, deren Technik du lernen mußt, deren Art und Weise dir von der Rolle, von den andern Schauspielern und vom Publikum auferlegt wird.

Es gibt, während du spielst, eine Form – eine innere Verfassung –, die je nach den Bedingungen der Darstellung verschieden ist.

Für den Töpfer gibt es verschiedene Methoden, Rhythmen, körperliche Beschaffenheiten, je nach dem Material, das er knetet und dreht, und je nach der Form, die er ihm geben will.

Man sagt, es gebe sechsunddreißig *dramatische Situationen*, aber sie sind unendlich.

Immer ist alles anders, nie ist *der Ablauf* gleich, sei es durch dich oder die andern, sei es durch Ort, Kostüm oder Stunde, durch tausenderlei subtile und unfaßbare Ursachen, die man eher fühlen als ergründen kann.

Die Tonschwingungen wechseln je nach Temperatur.

Und die Wortwahl, die du triffst.

Daß man nie das genaue Wort treffen kann. Wörter sind nicht genau.

Die Anstrengung.

Die Anstrengung, zu lesen, zu sprechen, zu sagen, zu spielen.

Akustik und Größe eines Zuschauerraumes, die Stunde, Zahl und Dichte der Zuschauer, Nachmittag oder Abend, Stimmung der andern und deine eigene Stimmung, und der Ruf, sein Einfluß auf dich und die andern.

Verlust der Persönlichkeit, Verlust des Tempos, Verlust des Schwunges bei dir selbst oder bei den andern, Beherrschung der Szene … Und die Spannkraft, körperlicher und moralischer Gesundheitszustand der dargestellten und deiner eigenen Person.

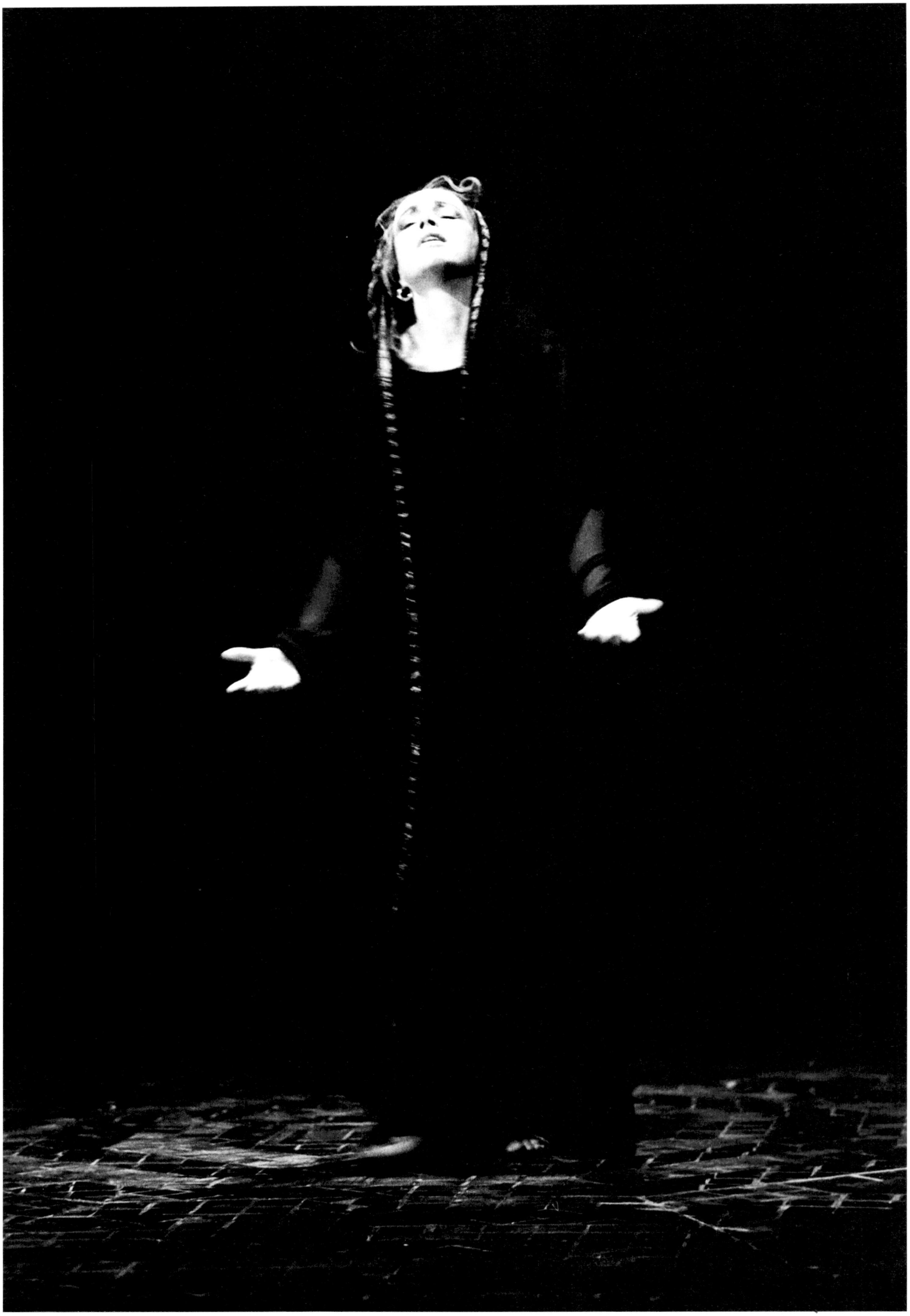

Ertönt auf unserer Bühne
Ihr süßer Himmelserdenton
Staun ich, dass es sich erkühne
die einfache Person.

Meine Damen und Herren, seien Sie unbesorgt, weder unternimmt der Laudator den Versuch, sich als Poet zu betätigen, noch sind die Zeilen, die ich zitiere, auf Jutta Lampe gemünzt. Schon die »einfache Person« lässt dies erkennen.

Der Wiener Kritiker Hans Weigel hat in den fünfziger Jahren ein nach meiner Erinnerung nicht enden wollendes schreckliches Gedicht mit zahllosen Strophen verfasst, davon sind mir nur diese vier Zeilen in Erinnerung geblieben, Zeilen, die ich vor etwa fünfzig Jahren gelesen habe und die mir nicht mehr aus dem Kopf gehen. Wen besingt der Wiener Hans Weigel? Natürlich die große Käthe Gold, von ihr spricht er, wenn er den »süßen Himmelserdenton« preist, des sie sich erkühne …

Warum eine Laudatio für Jutta Lampe beginnen mit einem hymnischen Zitat für Käthe Gold? Weil aus meiner Sicht eine ganze Reihe von Fäden hinüber und herüber schießen – von Käthe Gold zu Jutta Lampe. Insbesondere verbindet eines die beiden: dass es zunächst ihre Stimme ist, die den Hörer und den Theaterbesucher in ihren Bann zieht. Ich weiß nicht, wie oft ich in meinem Leben die Gründgens-*Faust*-Platte mit Käthe Gold als Gretchen gehört habe. Noch heute tönt mir in den Ohren ihr »Mein Ruh' ist hin«, ihr »Sein Händedruck, / Und, ach, sein Kuß!«.

Käthe Gold war, wie Jutta Lampe, kein Filmstar (obwohl Jutta Lampes *Die bleierne Zeit*, 1981, unvergessen ist) und doch hat Käthe Gold die Alkmene, allerdings in einer komödiantischen Plautus-Fassung im *Amphitryon*-Film aus dem Jahre 1935, gespielt. Hier himmelt Käthe Gold ihren geliebten Jupiter/Amphitryon an und auch hier ist in meiner Erinnerung ihre Stimme geblieben. Dieser Singsang der Käthe Gold, ihr »tausendmal hab ich an dich gedacht / tausendmal hab ich für dich gewacht« –, ist es, der mir aus dem Film in Erinnerung geblieben ist. Und auch da schießen die Fäden zwischen den beiden Königinnen (die eine regiert das Theater in der ersten, die andere in der zweiten Jahrhunderthälfte) hinüber und herüber, denn eine der schönsten Rollen von Jutta Lampe war ihre Alkmene in der Inszenierung von Klaus Michael Grüber. Nie wieder wird jemand das »Ach!« der Alkmene so herzzerreißend sprechen, flüstern, hauchen wie eben: Jutta Lampe. Und noch eine Gemeinsamkeit der beiden Damen aus persönlichem Erleben: Ich konnte Käthe Gold ein einziges Mal auf der Bühne sehen in einem Gastspiel des Burgtheaters in München, dort spielte sie in Ibsens *John Gabriel Borkman* die Ella Rentheim, die eigentliche Liebe des Borkman, die unerfüllt bleiben muss. Mit eben dieser Rolle triumphiert zurzeit Jutta Lampe in Zürich.

Die Stimme der Käthe Gold war gleichsam die Herzensstimme meiner Jugend – bis ich das erste Mal Jutta Lampe auf der Bühne erlebt habe: Da war's um mich geschehen. Jutta Lampes Stimme ist immer wieder hymnisch besungen worden. Man hat sie mit einer Oboe verglichen, ein anderer glaubte, heute sei es doch eher die Klarinette, an die ihre Stimme erinnere. Ich halte mich an die Kitschversion von Hans Weigel – an den »süßen Himmelserdenton«.

Die Laudatio für Jutta Lampe muss also bei ihrer Stimme beginnen: Wer Jutta Lampe anruft und die Nummer 2345372 wählt, der hört nur den einen Satz: »Sie haben die Nummer 234–53–72 gewählt. Sie können eine Nachricht hinterlassen.« Da möchte man sogleich einhängen und wiederwählen, um nur diesen einen Satz noch einmal zu hören, von so hoher Warte ist er gesprochen. Da ist sie, diese unvergleichliche, unverkennbare Stimme, mit der sie ihre gar nicht aufzuzählenden Rollen unterschiedlichsten Charakters, unterschiedlichster Herkunft aus allen Zeiten – von Shakespeare über Tschechow zu Beckett und Botho Strauß – mit Leben erfüllt hat. Diese Stimme! Das erste Mal hörte ich sie in Berlin: Jutta Lampe in der Bremer Peter-Stein-Inszenierung an der Schaubühne in der Rolle der Prinzessin Leonore von Este. Schon da war mir – wie allen Besuchern dieser unvergessenen Aufführung – nach ihren ersten Sätzen klar, welche außerordentliche, ungewöhnliche und im Wortsinne unvergleichliche Schauspielerin auf der Bühne steht. Vollends süchtig freilich wurde ich nach ihrer Stimme in Kleists *Prinz Friedrich von Homburg*. Da gibt es den oft zitierten Satz, mit dem Natalie den strengen Kurfürsten, der auf der Todesstrafe für das Verbrechen der Gehorsamsverweigerung durch den Prinzen besteht, umstimmen will: »Das Kriegsgesetz, das weiß ich wohl, soll herrschen, / Jedoch die lieblichen Gefühle auch«, und – es mag Ihnen übertrieben erscheinen, aber der Liebende darf übertreiben – dieses »auch« ist mir bis zum heutigen Tage im Ohr, unvergessen, unverklungen. Vielleicht weil in diesem von Jutta Lampe gepriesenen »auch« mitschwingt, dass Natalie durchaus versteht, wie es im Herzen des Großen Kurfürsten aussehen muss. Diese Begegnung mit Jutta Lampe im *Prinz Friedrich von Homburg* im November 1972 liegt nun fast 35 Jahre zurück, – und da liegt der Anfang einer nicht enden wollenden Bewunderung – man mag es mir verzeihen: Jutta Lampe ist meine »Lebensschauspielerin« geworden. Alles, was sie in Berlin und in Salzburg gespielt hat, konnte ich sehen, nur in Wien und Zürich klaffen Lücken. So müssen Sie es mir nachsehen, dass meine Laudatio zum Schwärmen eines Dilettanten – das heißt zu deutsch: eines Liebhabers – wird, wenn ich versuche, einige der persönlichen Erfahrungen mit ihrer Schauspielkunst zu benennen. Theaterkritiker, Theaterhistoriker mögen ihr Werk und ihr Lebenswerk würdigen, … ich darf schwärmen.

Hundertmal ist es geschrieben, gesagt und geflüstert worden, dass Jutta Lampe »unsere Größte« ist, die »Königin der Schaubühne«; eine »Ikone« des deutschsprachigen Theaters wurde sie genannt, mit der Duse verglichen, mit Preisen und Ehrungen überhäuft. Sie ist wohl die einzige deutsche Schauspielerin, die dreimal zur Schauspielerin des Jahres gewählt wurde, 1988 für ihre königliche Phädra, 1990 als »androgyne(r) Orlando«, in jenem unvergessenen Soloauftritt, den Bob Wilson mit ihr erarbeitet hat, und schließlich 2000 als Arkadina in der *Möwe*.

Welchen Rang muss eine Schauspielerin haben, wenn Christian Meier (der »Caesar-Meier«, wie er genannt wird) 1985 – also vor 20 Jahren – das schöne Corso-Bändchen *Politik und Anmut* herausbringt und als Widmung nur schreibt »Für Jutta«, und jeder Leser dieses Bändchens weiß: Das kann nur Jutta Lampe sein. Jutta, die Einzige, die Einzigartige, die Anmutige.

Nicht ihre Orden, ihre Ehrungen – wie der Pour le Mérite –, ihre Preise – wie etwa der Berliner Theaterpreis – sollen hier aufgezählt, sondern der immer etwas hilflose Versuch gewagt werden, eine gestammelte Liebeserklärung öffentlich zu formulieren. Eine Schauspielerin diesen Ranges zu ehren, ihr eine Hommage einzurichten und ihr einen Abend zu widmen, ist eine kluge Idee der Konrad-Adenauer-Stiftung, fünf Jahre nachdem Jutta Lampe ihre Heimat – die Schaubühne – klaglos, aber nicht schmerzfrei verlassen und immer noch keine Heimat gefunden hat. Man kann der Stiftung und denen, die die Entscheidung mitgetragen haben, zu ihrer Wahl nur gratulieren.

Was nur ist es, dass wir alle, die sich zu Ehren Jutta Lampes versammelt haben, die ihre Theaterauftritte nicht versäumen, ihre Lesungen immer wieder hören wollen, von ihr so fasziniert sind? Als Jutta Lampe – geboren in Flensburg, aufgewachsen in Kiel, Theatererfahrungen in der Provinz – nach Berlin kommt, eben mit jenem *Tasso*, hatte Peter Stein sie bereits entdeckt und herausgeholt aus dem Boulevard, an dem sie so bedeutende Stücke wie *Das Lied der Taube* und *Vater einer Tochter* gespielt und damit selbstverständlich Erfolg hatte. Bei der Probe zu *Vater einer Tochter* beobachtet sie Peter Stein und überträgt ihr ihre erste Rolle unter seiner Regie – 40 Jahre ist das her! –, nämlich die der Lady Milford in Schillers *Kabale und Liebe*. Nach dem gängigen Rollenverständnis ist Jutta Lampe eigentlich »zu jung« für diese Rolle – gerade über zwanzig Jahre alt. Aber »zu jung« und »zu alt« für eine Rolle, das gibt es bei Jutta Lampe nicht. Spielt sie mit zwanzig die Lady Milford, so ist sie zwanzig Jahre später eine herzbewegende, herzzerreißende Ophelia in Klaus Michael Grübers *Hamlet*-Inszenierung, – niemand wäre auf den Gedanken gekommen, dass die Ophelia-Darstellerin doch eigentlich jünger sein müsste. Sie war die jüngste, die herrlichste, die traurigste aller Ophelien.

Und schon an diesen beiden Rollen erkennen wir, was diese Künstlerin vielleicht in ganz besonderer und einmaliger Weise auszeichnet: dass sie und was sie alles wagt! Sie hat alles gewagt, weil sie alles kann: Sie hat die großen Damen der Theaterliteratur gespielt. Ihre strenge königliche Phädra, die welthaltige Ranjewskaja im *Kirschgarten*, die exaltierte, von Jutta Lampes eigenem Lebens- und Menschenbild so äonenhaft entfernte egozentrische Arkadina … ohnehin immer, immer wieder Tschechow, ihr Lieblingsautor. Ist es nicht bezeichnend für Jutta Lampe und wunderbar, dass nicht Ranjewskaja oder Arkadina ihre Lieblingsrollen bei Tschechow sind, sondern die arme, unglückliche, liebende und unglücklich geliebte Mascha in den *Drei Schwestern*. Aber auch – wie leicht lasse ich meinen Erinnerungen freien Lauf – die sangeslustige, todtraurige, todesverachtende Winnie in *Glückliche Tage*, die jungen Frauen: Natalie, Ophelia, Alkmene, ihre wunderbare Solveig in *Peer Gynt*, inkarnierend im Pietà-Schlussbild, Peer in den Armen.

Welch eine Bandbreite immer wieder überzeugender und überwältigender Darstellungen von der »Provinzberühmtheit« Arkadina bis zu den urkomischen Rollen, zu denen sie Botho Strauß auf das Grandioseste verführt hat. Der unvergessene Höhepunkt ihres komödiantischen Könnens: die rotzfreche Lesbe K in *Kalldewey, Farce*, und – wiederum welch' ein Rollenwechsel! – die brünstige, sinnliche Titania in Botho Strauß' *Sommernachtstraum*-Paraphrase *Der Park*. Diese große Tragödin ohne Aufwand, diese Komödiantin ohne Exaltiertheit sagt von sich: »Ich bin eigentlich keine typische Schauspielerin, ich bin eigentlich immer ›normal‹ gewesen.« Diese Behauptung wage ich: Dieses »Normale« in ihrem privaten Leben ist Wurzel und Quelle ihrer großen Kunst. Sie, die die ganze Welt – die Königinnen und Huren (Sonja in Andrzej Wajdas *Schuld und Sühne*), die Exaltierten und die Einsamen, die Komödiantinnen und die Tragödinnen und die Marketenderin der Gräfin Ilse in *Die Riesen vom Berge* spielen kann und gespielt hat, sagt von sich: »Das Theaterspielen kommt bei mir aus dem Mangelgefühl, als junger Mensch nicht genügend lebendig gewesen zu sein, nicht alles ausprobiert zu haben.«

Ich nehme an, auch heute würde Jutta Lampe ihr Leben für das Theaterspiel mit diesem »normalen« Leben begründen oder gar rechtfertigen: Das ist schon so, – im Leben ist Jutta Lampe keine Abenteurerin, keine Weltumseglerin. Seit sie 1968 nach Berlin gekommen ist, wohnt sie in derselben Adresse. Ein einziger Berliner Umzug in 37 Jahren: von der dritten in die vierte Etage!

Die Sesshafte braucht aber auch die Geborgenheit ihrer Familie, ihrer Theaterfamilie, die sie dreißig Jahre lang in der Schaubühne gefunden hat. Dort, und – eigentlich zunächst nur dort – erarbeitete sie all die großen und unterschiedlichen Rollen, fast ausschließlich mit vier Regisseuren (nur den Anfang macht Claus Peymann mit dem *Ritt über den Bodensee*) neben dem »Lebensregisseur« Peter Stein, der Zauberer Luc Bondy, das überwältigende Genie Klaus Michael Grüber und der großartige Stilist Bob Wilson. Dann und wann Regie unter der wunderbaren Schauspielerantipodin in der Schaubühne: Edith Clever. Das ist (fast) alles. Auch im zeitgenössischen Theater ist sie die Treueste der Treuen für Stücke von Botho Strauß, die sie in den Uraufführungen gespielt hat. Sie erinnern sich an ihre Rollen in den *Hypochondern*, in *Der Park*, in *Kalldewey, Farce*, ihre Salzburger Auftritte als Lilly Groth in *Das Gleichgewicht*, an *Die Ähnlichen* (Wien), an *Die Zeit und das Zimmer*, an die Anita von Schastorf im *Schlusschor*, und schließlich am Berliner Ensemble – dem einzigen Berliner Theater, an dem sie in der Nach-Schaubühnen-Zeit hat spielen können – *Die eine und die andere*. Aus dieser Mitte ihrer Theaterfamilie – den Kollegen, Regisseuren, Autoren, Dramaturgen, insbesondere natürlich Dieter Sturm – schöpft sie ihre Theaterwunderfiguren.

Ich habe immer den Eindruck, Jutta Lampe baut ständig einen Schutzwall um sich, damit nichts an sie herankomme, was ihre Arbeit an dem Theater für das Theater stören könnte. Zu Hause kein Fernseher. Viel Musik. Kritiken liest sie nicht (wirklich nicht). Ich habe sie gebeten, das, was sie an Veröffentlichungen über sich selbst gesammelt hat, mir zur Vorbereitung zu geben: Welch klägliches Konvolut! Ablichtungen von Kritiken aus Badischen und Tübinger Zeitungen, ein *Zeit*-Interview, freilich nur zur Hälfte vorhanden, – das ist fast schon alles. Nicht was die Menschen über sie schreiben, wie die Menschen sie sehen, hält sie für lesens-, sammelns-, bewahrenswürdig: wichtig allein die Theaterarbeit, was sie an ihr bewundern.

Jutta Lampe kennt keine Starallüren, scheut die Öffentlichkeit, weil sie das alles in ihrem konzentrierten, unerhört disziplinierten Arbeiten stören würde. Nie nimmt sie auch nur die kleinste Lesung auf die leichte Schulter. An einem Abend vor einer Lesung sich mir verabreden zu wollen, ist sinnlos: Sie muss sich konzentrieren, vorbereiten, den Text memorieren. Nur ganz bei sich selbst, kann sie diese Bandbreite spielen.

Wenn Michael Merschmeier von Jutta Lampes Theaterkunst als dem »Wunder des Nichtverwandelns« schreibt, trifft er ein Paradox und Geheimnis ihrer Kunst. Von Werner Krauß berichtet Kortner, dass er nach einer Leseprobe zu *Richard III.* mit einem Buckel durch die Straßen gegangen sei. Ähnliches würde Jutta Lampe nie passieren. Sie bleibt in ihren Rollen immer Kunstfigur im höchsten, schönsten, ernstesten Sinne. Weil sie stets sie selbst bleibt, ist sie die große Verwandlungskünstlerin unserer Bühne. Weil immer auch eine Distanz zwischen ihrer Person und der dargestellten Figur bleibt, gelingen ihr die androgynen Rollen so unvergleichlich, der/die Orlando, der/die Rosalind/Ganymed, ihre Leonida in *Triumph der Liebe* … Stadelmaier titelt zu einem runden Geburtstag seine Liebeserklärung an Jutta Lampe: »Die Prinzessin auf der Kippe«. Das ist trefflich, weil Jutta Lampe im wirklichen Leben die Mitte sieht und lebt, die Flucht vermeidet, schafft sie diesen Rollenwechsel so überzeugend, so bewegend, kann sie Mann und Frau in einem sein, ohne changieren zu müssen. Sie selbst hat es einmal formuliert, was ihr die Theaterfamilie, was ihr ihre Mitte ist, wenn sie große Theatermomente wie folgt beschreibt (denken Sie zum Beispiel an die Kreiselszene in den *Drei Schwestern*): »einen verzauberten Moment lang spüren alle, was Theater ist. Nicht dieses übliche Spielen, Rezitieren und eine Meinung haben, sondern gemeinsame Beschwörung, gemeinsame Erfahrung, gemeinsames Erleben.«

Leben in der Theaterfamilie, zu der auch ihre Besucher, zu der auch Sie, meine Damen und Herren, gehören. Diese gemeinsame Beschwörung und Erfahrung werden Sie jetzt erleben, wenn nun endlich Jutta Lampe Texte der Ingeborg Bachmann liest und ihr »süßer Himmelserdenton« zu uns kommt.

Wir alle wollen Jutta Lampe noch viele Jahre auf den Bühnen sehen und hören. Am liebsten in Berlin, am liebsten in einer Theaterfamilie, in der sie zu Hause ist. Was Wien und Zürich können, müsste doch eigentlich in der Theaterstadt Berlin auch möglich sein: Jutta Lampe an ein Theater zu binden. Mit diesem Wunsch, mit der Hoffnung auf viele weitere Bühnenbegegnungen verneige ich mich vor Jutta Lampe.

JUTTA!

GÜNTHER RÜHLE · Jutta Lampes Erscheinen auf der Bühne war – von den Anfängen in Wiesbaden an – wie das Aufgehen und Wachsen einer lichten Gestalt in den dramatischen Schluchten des Theaters. Sie wandert in ihnen wie ein leuchtendes Wesen. Dabei ist sie still, leise, auch zart, aber nicht schwach; freundlich und gütig, aber nicht nachgiebig, aufmerksam und wach, obwohl es ist, als trüge sie schützende Schleier über der empfindenden Seele. Sie spricht auf der Bühne mit den Augen, den Biegungen von Arm und Schulter, der Straffung des Körpers, ihre Stimme und ihre Stimmungen reichen vom tränenden Klagen bis in die Wonnen weiblichen Übermuts. Sie birgt in sich das Liebliche und das Schöne, das Lichte und das Leichte, das Sehn-Süchtige und die Träume ihrer Zuschauer. Anmut und Würde des Menschen haben in ihrem Spiel einen redenden Leib. Aus dem zarten, heiter schwerelosen Mädchen von einst sind unendlich viele andere hervorgetreten, Leonore und Rosalind, Phädra und Florence Nightingale, Solveig und Ophelia, Natalie und Orlando, Alkmene und auch Athene, niedrige und hohe, erschütterte und sich verzehrende, einstige und heutige Frauen: eine Flora und Fauna zart-harter Weiblichkeit. Ihr Werkzeug ist sie selbst. Es ist ein Wunder, was dieser Lieblichkeit entspringt. Dabei wurde sie als Verschlußsache angelegt:

JUTTA!

»Ich steh᾽ dazu«

Jutta Lampe im Gespräch mit Gerhard Jörder

Frau Lampe, wir wollen ein Gespräch führen über die Zeit nach Ihrem Weggang von der Berliner Schaubühne. Wir haben vereinbart, ein offenes Gespräch zu führen, das auch die Schwierigkeiten und Enttäuschungen dieser Jahre seit 1999 nicht verschweigt. Was hat sich geändert in Ihrem persönlichen Leben, in Ihrer Einstellung zum Beruf und zur Bühne? Wie war es damals, wie ist es heute? Was ist wichtiger geworden, was unwichtiger? Welche Erlebnisse hatten Sie mit neuen Regisseuren, mit dem Theater der jüngeren Generationen? Ich denke, dass unser Gespräch – über Ihre eigenen biographischen Erfahrungen hinaus – manche Konflikte und Nöte aufscheinen lässt, die auch bei Schauspielkünstlern und vor allem -künstlerinnen den Abschied von der Bühne begleiten. Werfen wir zunächst einen Blick auf Ihre letzten Jahre an der Schaubühne – wie erging es Ihnen damals?

Offen gesagt, ich war nicht mehr gerne an der Schaubühne. Ich kam mit vielem, was sich seit Peter Steins und Luc Bondys Rückzug verändert hatte, nicht zurecht. Den Neuen bedeutete das Ensemble längst nicht mehr so viel wie uns – manchmal hatte ich sogar den Eindruck, es sei ihnen völlig egal, sie wollten eigentlich nur selber vorkommen. Ich vermisste am Haus die großen dramaturgischen Einführungen, wie wir sie von Dieter Sturm gewöhnt waren. Und auch mit den Regisseuren, die jetzt dort arbeiteten, hatte ich meine Probleme. Selbst mit Andrea Breth, die mich als Madame Sommer in *Stella* besetzte – es war meine einzige große Rolle in dieser Zeit. Es hat mich beeindruckt, wie sie über den Text sprach und was sie mit dem Stück vorhatte, aber bei den Proben lief es nicht so gut. Sie war streng, verwarf meine Vorschläge schnell, ich hatte Schwierigkeiten, meine Empfindungen auszudrücken. Von Stein, Grüber, Wilson und Bondy war ich gewohnt, dass die Regisseure erst einmal geduldig hinguckten, mich ausprobieren ließen. Das habe ich bei ihr nicht wieder gefunden.

Als dann der radikale Neuanfang mit Thomas Ostermeier, die komplette Verjüngung der Schaubühne beschlossene Sache war und Jürgen Schitthelm, der Direktor, auch Ihnen die Kündigung aussprach – war das ein Schock für Sie?

Nein, es hatte geradezu etwas Befreiendes. So konnte ich etwas hinter mich bringen, was im Grunde schon abgeschlossen war. Es hat doch keinen Sinn, irgendwo hängenzubleiben, obwohl man die Situation schon lange nicht mehr gut findet. Ich war ja vielleicht, wie manche sagten, die Treueste der Schaubühne, aber diese Treue, das sehe ich heute deutlicher als damals, war zuletzt auch seltsam durchmischt mit der Angst vor dem Neuen, dem Ungewissen. Ich wusste ja auch wirklich nicht wohin.

Fühlten Sie sich nicht zutiefst gekränkt – immerhin hatten Sie fast drei Jahrzehnte das Gesicht dieser einzigartigen Bühne mitgeprägt?

Es war eine merkwürdige Mischung aus Verzweiflung und Freiheitsgefühlen. Ja, zunächst fühlte ich mich wie aus dem Nest gestoßen. Ich war 29 Jahre an der Schaubühne gewesen, und im Ganzen war es eine wunderbare Zeit. Ich wusste also: Jetzt habe ich tatsächlich meine Heimat ver-

loren. Aber ich wusste auch: Es war meine Heimat zuletzt nicht mehr gewesen.

Haben Sie damals daran gedacht, ganz aufzuhören, sich ins Private zurückzuziehen? Sie waren 62, eine der großen und berühmtesten Schauspielerinnen des deutschen Theaters, Sie hatten alles erreicht, was zu erreichen war – warum sollte man da nicht einen Strich ziehen können und sagen: das war's?

Ja, ich habe kurze Zeit daran gedacht. Aber nur aus Not. Wissen Sie, ich hatte ja von 1993 bis 1995 in Amerika gelebt, auch das war schon ein Ausbruchsversuch gewesen. Schon damals hatte ich das Gefühl, dass es für mich nicht mehr dieses unbedingte Muss gab, unter allen Umständen Abend für Abend auf der Bühne stehen zu sollen. Und doch habe ich rasch gemerkt, wie sehr mir das Theater fehlte, wie sehr ich mich nach Europa zurücksehnte, nach unserer Kultur. Ich fühlte mich sehr unglücklich. Der Versuch, in Amerika ein klassisches Privatleben zu führen, hatte sich schnell als gescheitert erwiesen – ohne Theater ging es nicht. Nein, ich wollte keine Hausfrau sein und kochen und warten, bis der Mann nach Hause kommt. Und ich wollte auch nicht die Gesellschaftsdame spielen.

Oder können Künstler einfach nicht loslassen? Fällt ihnen allen der Abschied vom Schauplatz ihrer Erfolge noch schwerer als anderen? Sind sie derart angewiesen auf den Beifall, auf die Liebe ihres Publikums?

Ich kann das nicht grundsätzlich beantworten. Ich kann nur von mir selber sagen: Das Theater war für mich immer das Leben. Ich bin mit zehn zur Bühne gegangen. Ich hatte es zu Hause schwer. Der Vater hatte die Familie verlassen, unsere Mutter war liebevoll, aber krank – und sie brauchte viel Zuwendung, man musste immer Rücksicht nehmen auf sie, musste immer vorsichtig sein. Ich konnte, so kam es mir vor, nicht wirklich frei leben. Da suchte ich mir im Theater eine zweite Familie, einen Raum für gemeinsame Erlebnisse, für große, schöne Empfindungen. Am Anfang tanzte und sang ich im Kinderballett und im Kinderchor, doch schon mit 18 Jahren verließ ich meine Heimatstadt Kiel und ging nach Hamburg in die Musik- und Schauspielschule. Das Theater wurde früh meine Welt. In dieser Welt war ich aber nicht nur glücklich. Da war auch etwas Bedrückendes, was nicht von außen kam. Es war eine Art schlechtes Gewissen in mir, weil ich dachte, ich hätte meine Mutter zu früh verlassen. Wenn ich auf der Bühne das Glück hatte, mich im Spielen lebendig und groß zu fühlen, meldete sich etwas in mir, bekam ich einen Schreck, der sagte: Das Großsein, das Lebendigsein ist verboten. Dann fing ich an, mit mir zu sprechen und mir Erfolg und Gutsein auf der Bühne zu erlauben. Und im Laufe der Jahre wurde ich freier und sicherer.

So war das Theater bei Ihnen nicht ein Beruf, den man eben wählen oder auf den man auch verzichten kann – sondern von vornherein eine existentielle Erfahrung, ein Raum, der extrem zwiespältige Gefühle auslöst. Einerseits dieses Leben, das Sie so groß und frei sonst nicht kannten, andrerseits die Furcht, diese Freiheit könnte man Ihnen verübeln.

Ja, so war es tatsächlich. Gerade fällt mir ein Erlebnis der frühen Hamburger Zeit ein, das möchte ich noch erzählen. Ich war damals vielleicht zwanzig Jahre alt. Es war im zweiten Teil des *Faust*, den Gustaf Gründgens inszenierte, und wir Schauspielschülerinnen bildeten den Chor der Troerinnen. Ich war in diesen Geschehnissen und in diesem Auftritt und in dem, was wir da zu sprechen hatten, mit allen Fasern eingetaucht. Irgendwann, erinnere ich mich, standen wir alle auf der Bühne und Gründgens meinte, machen wir Schluss für heute. Aber dann hat er noch meine Hand genommen und vor allen anderen gesagt: Guckt mal dieses Mädchen an, wie sie das macht. Und ich weiß: Im Leben habe ich nie so gelebt wie in diesem Moment auf der Bühne. Und gleichzeitig war auch die quälende Frage in mir: Darfst du das überhaupt? Darfst du toll sein auf der Bühne?

Diese Zweifel, so spüre ich in Ihren Worten, haben Sie auch später nie ganz losgelassen, auch nicht in den Jahren der großen Erfolge an der Schaubühne. Damals kam noch der ständig steigende Erwartungsdruck von außen hinzu: Eine Schauspielerin wie Sie musste immer Höchstleistungen vollbringen – Durchschnitt durfte man sich an diesem Haus nicht leisten.

Ja, ich weiß noch genau, wie sehr ich unter Angst und Nervosität gelitten habe. Das Lampenfieber war enorm. Und manchmal gab es auch Momente, wo man sich sagte, ich halte es nicht mehr aus, ich kann nicht mehr. Aber die Erfolge brachten dann doch wieder Erleichterung.

Wer Sie freilich in diesen Jahren immer und immer wieder auf der Bühne sehen und bewundern konnte, hat von all dem Stress, den Sie beschreiben, von all den Ängsten nichts bemerkt. Die Anmut, die Leichtigkeit, das Unangestrengte – mit solchen Vokabeln hat man Sie und Ihre Rollen immer zu beschreiben versucht.

Nun, es gibt ja gottlob, bei aller Not, auf der Bühne immer wieder auch diese Erlösung, dieses Glücksgefühl, wenn man das Gebirge bestiegen hat … Um ehrlich zu sein: Ich brauchte diese Empfindungen, um mein nicht sehr stabiles Selbstbewusstsein zu stärken.

Empfindungen, auf die Sie auch 1999, bei Ihrem plötzlichen Abschied von der Schaubühne, noch nicht verzichten wollten. Und Sie wollten sich – was in ähnlichen Situationen manche Ihrer Kollegen und Kolleginnen gemacht haben – keinesfalls auf einen Thron oder einen Lehnstuhl setzen und von dort zurückblicken auf eine große Zeit.

Nein, nein, allein die Vorstellung finde ich furchtbar. Ich weiß, ich hätte nach meinem plötzlichen Abschied von der Schaubühne auch resignieren und einfach herumlungern oder mich in früheren Erfolgen sonnen können … Schrecklich! Das wollte ich auf gar keinen Fall. Ich wollte unbedingt weitermachen, ich wusste nur noch nicht wo und wie. Und ich musste ja tatsächlich erst einmal begreifen, dass es auch außerhalb der Schaubühne Theater gibt.

War Ihnen bewusst, dass das Weitermachen auf der freien Wildbahn schwierig werden könnte, selbst, ja vielleicht gerade für eine so berühmte Schauspielerin wie Sie? Ruhm kann ja Hypothek sein, nicht nur Bonus. Spürten Sie bei

Intendanten oder Regisseuren eine gewisse Scheu, Sie zu verpflichten: O Gott, eine Diva, und welche Ansprüche womöglich?

Vielleicht spielte so etwas mit, ich kann's nicht beweisen: Womöglich wird sie Komplikationen machen, dachten vielleicht manche. Was will die denn noch mit ihren 62 Jahren, jetzt ist eben mal die andere, die junge Generation dran. Für mich war es jedenfalls eine schwierige und ungewohnte Situation. Mich anzubieten oder gar anzupreisen, dazu war ich zu stolz und zu scheu. Und dann war ich auch, um ehrlich zu sein, zunächst wahnsinnig eifersüchtig auf diese junge Generation, der jetzt auf einmal alles gehören sollte. Im allerersten Moment wollte ich gar nicht mehr ins Theater gehen. Gottlob hab ich es dann doch getan, aus Neugierde wohl oder aus der Liebe zur Bühne, was weiß ich. Es kam dann auch bald zu Gesprächen mit Intendanten oder Regisseuren, mit Thomas Ostermeier und Luk Perceval, da hat sich bei mir dieses Gemisch aus Angst, Zorn, Eifersucht rasch in konkrete Fragen aufgelöst.

Nun ist ja, gleich ob man fest im Ensemble oder frei arbeitet, die Situation für älter werdende Schauspielerinnen ohnehin schwierig, weil das klassische Repertoire für sie immer weniger gute Rollen bereithält. Was zum Schluss noch übrig bleibt, ist oft nur die komische oder die böse Alte.

Ja, so ist es wohl. Alt werden ist nicht leicht. Alt werden als Frau ist schwerer. Am schwersten ist es, als Schauspielerin alt zu werden. Schauen Sie, bei Shakespeare gibt es viele wunderbare Rollen für ältere Männer. Aber für Frauen? Da müssen Sie lange suchen. So ist es im Theater leider immer gewesen – auch wenn sich das in den Stücken des 20. Jahrhunderts ein wenig verbessert hat. Tatsache ist, dass das Theater tolle Rollen vor allem für die jüngeren Schauspielerinnen parat hält. Im Film sieht es anders aus, da ist das Angebot auch für Frauen über fünfzig noch vielfältig.

Kann es sein, dass das klassische Repertoire, aber auch das moderne Theater gerade für Ihren Typus, den Sie bis heute durch Erscheinung, Ausstrahlung, Spiel und Sprache verkörpern, besonders wenig Rollen bereit hält? Sie stehen, wenn ich das mal so schlicht sagen darf, gern für das Gute im Menschen, ganz ungebrochen, mit großer Anmut und innerer Entschiedenheit.

Das mag schon sein: Wenn ich beim Probieren auf mich selbst angewiesen bin, neige ich dazu, meine Rollen eher sympathisch, human, idealistisch oder, wenn Sie so wollen, edel anzulegen. Vielleicht liegt es einfach daran, dass ich geliebt werden will?

Aber man kann doch als Schauspielerin nicht nur für edle Motive, sondern auch für brillante Bösewichterei geliebt werden. Gilt das nicht für Sie?

Am Anfang war es wohl nicht so bei mir. Aber ich weiß, dass ich als Schauspielerin wie ein Medium agiere und reagiere. Regisseure, denen ich vertraue und die mich kennen, finden in mir auch die dunkleren, abgründigeren, auch die aggressiven, die bösen Töne. Das war bei Peter Stein so und auch bei Luc Bondy.

Können Sie Beispiele nennen?

Ja, sicher hat Peter Stein meine Ranjewskaja, die Gutsbesitzerin im *Kirschgarten*, in diese Richtung gesteuert. Ich sperrte mich erst gegen die leichtfertigen, schlampigen Seiten der Rolle, aber er ließ nicht locker. Gekämpft hat er mit mir – und ich mit ihm – auch bei *Phädra*. Das ist keine »nette« Person, sagte er immer und immer wieder, und er forderte, dass ich dies auch spielen soll. Es war ein schwieriger Weg, und manchmal dachte ich, ich schaffe es nicht. Aber mit der Zeit konnte ich mich immer besser in diese große Rolle und auch in ihre dunklen Seiten einfühlen – und dann stand ich auch ganz dahinter.

Luc Bondy ließ mich, als er die *Möwe* am Burgtheater inszenierte, die Schauspielerin Arkadina spielen. Mir war, offen gesagt, die Figur nicht sympathisch, und ich sagte ihm das auch. Aber er blieb entschieden: Doch, das musst du jetzt machen, sagte er, und das kannst du auch. Er glaubte an mich, er forderte es. Und dann war es erstaunlich spannend bei den Proben. Auch Gert Voss, der den Trigorin spielte, machte mir Mut, das Narzisstische, Kalte, Böse der Rolle anzunehmen. Zuletzt hat mir das auch sehr viel Freude gemacht. Und Sie wissen ja ohnehin, wie sehr ich Tschechow liebe.

Wenn ich jetzt ganz weit zurückfragen darf, ins Jahr 1982, als Luc Bondy an der Schaubühne Botho Strauß' Kalldewey. Farce inszenierte und Sie im Part der schamlosen, rotzfrechen Katrin komisch brillierten: Wie sehr mochten Sie denn diese Rolle?

Oh, ich fand sie zunächst nur ekelhaft. Aber so ist es eben: Wenn mir ein Regisseur das vermitteln kann, das ist die richtige Rolle für dich, und du darfst sie auch so spielen – ja, dann gelingt mir das. In *Kalldewey* entdeckte ich das Frechsein, das hatte ich mich bis dahin gar nicht getraut. Es war eine tolle Entdeckung für mich – und es hat uns allen, auch dem Publikum, einen Heidenspaß gemacht.

Bondy hat Sie in Ihrer Nach-Schaubühnen-Zeit zweimal gerufen. Im Jahr 2000 war es die gerade erwähnte Möwe, fünf Jahre später Botho Strauß' Zweiakter Die eine und die andere *am Berliner Ensemble. Im Unterschied zu manchen gemischten Erfahrungen dieser letzten Jahre, über die wir gleich sprechen müssen, war das gewiss eine ebenso vertraute wie vertrauensvolle Zusammenarbeit?*

Oh ja, es ist wunderbar mit ihm. Er ist ein so kluger, einfühlsamer Regisseur, der auf der Bühne spielerisch Neues ausprobiert. Ich würde mit Freude wieder mit ihm arbeiten.

Nun gleich noch die Frage nach Ihren Erfahrungen mit Peter Zadek. 2009, in Zürich, haben Sie in Shaws Major Barbara, *der letzten Inszenierung vor seinem Tod, eine kleinere Rolle gespielt. Aber Sie waren ihm doch schon viel früher, in Bremen, begegnet – mochte er Sie damals als Schauspielerin nicht? Waren Sie ihm zu »edel«?*

Ja, das kann schon sein. Ich war ihm wohl überhaupt zu schüchtern, zu brav, zu edel. Überraschend angenehm war aber dann die gemeinsame Probenzeit in Zürich. Ich hatte zunächst Bedenken, ob das überhaupt gut gehen könne zwischen uns, und schrieb ihm das auch. Doch er antwortete freundlich, äußerte sich zuversichtlich: Wir werden schon zusammenkommen. Und so war es denn auch, die Arbeit mit ihm und dem kleinen Ensemble war sehr schön. Zadek war ruhig, zurückhaltend, er ließ uns viel Raum, hatte großes Vertrauen zu den Schauspielern. Für mich war es ein sehr angenehmes Gruppenerlebnis.

Was ist denn für Sie – wenn man das überhaupt trennen kann – das Wichtigste oder auch Schönste am Theater: der Probenprozess, das gemeinsame Suchen und Finden, oder dann das fertige Ergebnis, das dem Publikum Abend für Abend präsentiert wird?

Ich glaube, das Gemeinschaftserlebnis ist für mich das Zentrale am Theater: wie man gemeinsam etwas entstehen lassen und in der Gemeinsamkeit eine neue Welt entdecken kann – und dass in dieser Verbindung, die uns Schauspieler bereichert, auch noch etwas zustande kommt, was wir dem Publikum schenken können. Ich habe ja auch allein ganze Abende bestritten, einmal in *Orlando*, das andere Mal in *Glückliche Tage* – so anstrengend das auch war, ich habe es als wunderbare Erfahrung erlebt. Und doch war ich immer glücklich hinterher, wenn ich wieder mit den Kollegen gemeinsam auf der Bühne stehen konnte. Nein, es hat mich eigentlich nie gedrängt, allein da vorne zu stehen und zu beweisen, wie gut man das macht, wie toll man ist. Ich bin wohl wirklich ein »Ensembletier«.

Aber ist Ihnen Konkurrenzdenken denn gänzlich fremd? Gab es an der Schaubühne etwa keine Rivalitäten? Ich muss die Frage stellen, weil mir tatsächlich bei allen Gesprächen, die ich mit Ihnen führte, stets auffiel, wie warm, wie anerkennend und ohne jede Missgunst Sie von Leistungen Ihrer Kollegen und Kolleginnen sprechen. Das ist, um es behutsam zu sagen, nicht eben branchenüblich.

Nun, es gab zum Beispiel eine Konkurrenz zwischen Libgart Schwarz und mir – Libgart, die eine wirklich sehr besondere, gute Schauspielerin ist, wollte immer meine Rollen spielen. Einmal schimpfte sie, als ich eine bestimmte Rolle und eine Liebesszene spielte: Weißt du überhaupt, was Liebe ist? Das fand ich schon ziemlich böse. Aber insgesamt war die Atmosphäre im Theater so, dass vor allem nicht hinterrücks rivalisiert wurde. Peter Stein sorgte immer dafür, dass alles ausgesprochen wurde, und er hat erklärt, warum so oder so besetzt wurde.

Zwischen Edith Clever und mir hat es eine solche Rivalität übrigens nie gegeben. Natürlich war da schon mal die eine oder andere Rolle, die wir beide, sie und ich, spielen wollten; ich erinnere mich etwa an *Groß und Klein*. Aber wir haben es gelernt, über eine solche Situation gemeinsam zu reden, und das war gut. Im Übrigen habe ich sie eben auch sehr verehrt und habe sie immer gerne auf der Bühne gesehen. Umgekehrt musste ich nie Angst haben, zu kurz zu kommen – ich hatte ja eine gute Position an der Schaubühne.

Aber jetzt? Sie sprechen auch heute nicht anders von Ihren Kolleginnen, die Sie auf der Bühne sehen.

Das hat einen einfachen Grund: Ich bin immer glücklich, wenn ich gutes Theater sehe.

Ja, so war es tatsächlich. Gerade fällt mir ein Erlebnis der frühen Hamburger Zeit ein, das möchte ich noch erzählen. Ich war damals vielleicht zwanzig Jahre alt. Es war im zweiten Teil des *Faust*, den Gustaf Gründgens inszenierte, und wir Schauspielschülerinnen bildeten den Chor der Troerinnen. Ich war in diesen Geschehnissen und in diesem Auftritt und in dem, was wir da zu sprechen hatten, mit allen Fasern eingetaucht. Irgendwann, erinnere ich mich, standen wir alle auf der Bühne und Gründgens meinte, machen wir Schluss für heute. Aber dann hat er noch meine Hand genommen und vor allen anderen gesagt: Guckt mal dieses Mädchen an, wie sie das macht. Und ich weiß: Im Leben habe ich nie so gelebt wie in diesem Moment auf der Bühne. Und gleichzeitig war auch die quälende Frage in mir: Darfst du das überhaupt? Darfst du toll sein auf der Bühne?

Diese Zweifel, so spüre ich in Ihren Worten, haben Sie auch später nie ganz losgelassen, auch nicht in den Jahren der großen Erfolge an der Schaubühne. Damals kam noch der ständig steigende Erwartungsdruck von außen hinzu: Eine Schauspielerin wie Sie musste immer Höchstleistungen vollbringen – Durchschnitt durfte man sich an diesem Haus nicht leisten.

Ja, ich weiß noch genau, wie sehr ich unter Angst und Nervosität gelitten habe. Das Lampenfieber war enorm. Und manchmal gab es auch Momente, wo man sich sagte, ich halte es nicht mehr aus, ich kann nicht mehr. Aber die Erfolge brachten dann doch wieder Erleichterung.

Wer Sie freilich in diesen Jahren immer und immer wieder auf der Bühne sehen und bewundern konnte, hat von all dem Stress, den Sie beschreiben, von all den Ängsten nichts bemerkt. Die Anmut, die Leichtigkeit, das Unangestrengte – mit solchen Vokabeln hat man Sie und Ihre Rollen immer zu beschreiben versucht.

Nun, es gibt ja gottlob, bei aller Not, auf der Bühne immer wieder auch diese Erlösung, dieses Glücksgefühl, wenn man das Gebirge bestiegen hat … Um ehrlich zu sein: Ich brauchte diese Empfindungen, um mein nicht sehr stabiles Selbstbewusstsein zu stärken.

Empfindungen, auf die Sie auch 1999, bei Ihrem plötzlichen Abschied von der Schaubühne, noch nicht verzichten wollten. Und Sie wollten sich – was in ähnlichen Situationen manche Ihrer Kollegen und Kolleginnen gemacht haben – keinesfalls auf einen Thron oder einen Lehnstuhl setzen und von dort zurückblicken auf eine große Zeit.

Nein, nein, allein die Vorstellung finde ich furchtbar. Ich weiß, ich hätte nach meinem plötzlichen Abschied von der Schaubühne auch resignieren und einfach herumlungern oder mich in früheren Erfolgen sonnen können … Schrecklich! Das wollte ich auf gar keinen Fall. Ich wollte unbedingt weitermachen, ich wusste nur noch nicht wo und wie. Und ich musste ja tatsächlich erst einmal begreifen, dass es auch außerhalb der Schaubühne Theater gibt.

War Ihnen bewusst, dass das Weitermachen auf der freien Wildbahn schwierig werden könnte, selbst, ja vielleicht gerade für eine so berühmte Schauspielerin wie Sie? Ruhm kann ja Hypothek sein, nicht nur Bonus. Spürten Sie bei Intendanten oder Regisseuren eine gewisse Scheu, Sie zu verpflichten: O Gott, eine Diva, und welche Ansprüche womöglich?

Vielleicht spielte so etwas mit, ich kann's nicht beweisen: Womöglich wird sie Komplikationen machen, dachten vielleicht manche. Was will die denn noch mit ihren 62 Jahren, jetzt ist eben mal die andere, die junge Generation dran. Für mich war es jedenfalls eine schwierige und ungewohnte Situation. Mich anzubieten oder gar anzupreisen, dazu war ich zu stolz und zu scheu. Und dann war ich auch, um ehrlich zu sein, zunächst wahnsinnig eifersüchtig auf diese junge Generation, der jetzt auf einmal alles gehören sollte. Im allerersten Moment wollte ich gar nicht mehr ins Theater gehen. Gottlob hab ich es dann doch getan, aus Neugierde wohl oder aus der Liebe zur Bühne, was weiß ich. Es kam dann auch bald zu Gesprächen mit Intendanten oder Regisseuren, mit Thomas Ostermeier und Luk Perceval, da hat sich bei mir dieses Gemisch aus Angst, Zorn, Eifersucht rasch in konkrete Fragen aufgelöst.

Nun ist ja, gleich ob man fest im Ensemble oder frei arbeitet, die Situation für älter werdende Schauspielerinnen ohnehin schwierig, weil das klassische Repertoire für sie immer weniger gute Rollen bereithält. Was zum Schluss noch übrig bleibt, ist oft nur die komische oder die böse Alte.

Ja, so ist es wohl. Alt werden ist nicht leicht. Alt werden als Frau ist schwerer. Am schwersten ist es, als Schauspielerin alt zu werden. Schauen Sie, bei Shakespeare gibt es viele wunderbare Rollen für ältere Männer. Aber für Frauen? Da müssen Sie lange suchen. So ist es im Theater leider immer gewesen – auch wenn sich das in den Stücken des 20. Jahrhunderts ein wenig verbessert hat. Tatsache ist, dass das Theater tolle Rollen vor allem für die jüngeren Schauspielerinnen parat hält. Im Film sieht es anders aus, da ist das Angebot auch für Frauen über fünfzig noch vielfältig.

Kann es sein, dass das klassische Repertoire, aber auch das moderne Theater gerade für Ihren Typus, den Sie bis heute durch Erscheinung, Ausstrahlung, Spiel und Sprache verkörpern, besonders wenig Rollen bereit hält? Sie stehen, wenn ich das mal so schlicht sagen darf, gern für das Gute im Menschen, ganz ungebrochen, mit großer Anmut und innerer Entschiedenheit.

Das mag schon sein: Wenn ich beim Probieren auf mich selbst angewiesen bin, neige ich dazu, meine Rollen eher sympathisch, human, idealistisch oder, wenn Sie so wollen, edel anzulegen. Vielleicht liegt es einfach daran, dass ich geliebt werden will?

Aber man kann doch als Schauspielerin nicht nur für edle Motive, sondern auch für brillante Bösewichterei geliebt werden. Gilt das nicht für Sie?

Am Anfang war es wohl nicht so bei mir. Aber ich weiß, dass ich als Schauspielerin wie ein Medium agiere und reagiere. Regisseure, denen ich vertraue und die mich kennen, finden in mir auch die dunkleren, abgründigeren, auch die aggressiven, die bösen Töne. Das war bei Peter Stein so und auch bei Luc Bondy.

Können Sie Beispiele nennen?

Ja. sicher hat Peter Stein meine Ranjewskaja, die Gutsbesitzerin im *Kirschgarten*, in diese Richtung gesteuert. Ich sperrte mich erst gegen die leichtfertigen. schlampigen Seiten der Rolle. aber er ließ nicht locker. Gekämpft hat er mit mir – und ich mit ihm – auch bei *Phädra*. Das ist keine »nette« Person. sagte er immer und immer wieder, und er forderte. dass ich dies auch spielen soll. Es war ein schwieriger Weg. und manchmal dachte ich. ich schaffe es nicht. Aber mit der Zeit konnte ich mich immer besser in diese große Rolle und auch in ihre dunklen Seiten einfühlen – und dann stand ich auch ganz dahinter.

Luc Bondy ließ mich. als er die *Möwe* am Burgtheater inszenierte. die Schauspielerin Arkadina spielen. Mir war. offen gesagt. die Figur nicht sympathisch. und ich sagte ihm das auch. Aber er blieb entschieden: Doch. das musst du jetzt machen. sagte er. und das kannst du auch. Er glaubte an mich. er forderte es. Und dann war es erstaunlich spannend bei den Proben. Auch Gert Voss. der den Trigorin spielte. machte mir Mut. das Narzisstische, Kalte. Böse der Rolle anzunehmen. Zuletzt hat mir das auch sehr viel Freude gemacht. Und Sie wissen ja ohnehin. wie sehr ich Tschechow liebe.

Wenn ich jetzt ganz weit zurückfragen darf. ins Jahr 1982, als Luc Bondy an der Schaubühne Botho Strauß' Kalldewey. Farce *inszenierte und Sie im Part der schamlosen, rotzfrechen Katrin komisch brillierten: Wie sehr mochten Sie denn diese Rolle?*

Oh. ich fand sie zunächst nur ekelhaft. Aber so ist es eben: Wenn mir ein Regisseur das vermitteln kann. das ist die richtige Rolle für dich. und du darfst sie auch so spielen – ja. dann gelingt mir das. In *Kalldewey* entdeckte ich das Frechsein. das hatte ich mich bis dahin gar nicht getraut. Es war eine tolle Entdeckung für mich – und es hat uns allen. auch dem Publikum. einen Heidenspaß gemacht.

Bondy hat Sie in Ihrer Nach-Schaubühnen-Zeit zweimal gerufen. Im Jahr 2000 war es die gerade erwähnte Möwe, *fünf Jahre später Botho Strauß' Zweiakter* Die eine und die andere *am Berliner Ensemble. Im Unterschied zu manchen gemischten Erfahrungen dieser letzten Jahre, über die wir gleich sprechen müssen. war das gewiss eine ebenso vertraute wie vertrauensvolle Zusammenarbeit?*

Oh ja. es ist wunderbar mit ihm. Er ist ein so kluger. einfühlsamer Regisseur. der auf der Bühne spielerisch Neues ausprobiert. Ich würde mit Freude wieder mit ihm arbeiten.

Nun gleich noch die Frage nach Ihren Erfahrungen mit Peter Zadek. 2009, in Zürich, haben Sie in Shaws Major Barbara, *der letzten Inszenierung vor seinem Tod, eine kleinere Rolle gespielt. Aber Sie waren ihm doch schon viel früher, in Bremen, begegnet – mochte er Sie damals als Schauspielerin nicht? Waren Sie ihm zu »edel«?*

Ja. das kann schon sein. Ich war ihm wohl überhaupt zu schüchtern. zu brav. zu edel. Überraschend angenehm war aber dann die gemeinsame Probenzeit in Zürich. Ich hatte zunächst Bedenken. ob das überhaupt gut gehen könne zwischen uns. und schrieb ihm das auch. Doch er

antwortete freundlich. äußerte sich zuversichtlich: Wir werden schon zusammenkommen. Und so war es denn auch, die Arbeit mit ihm und dem kleinen Ensemble war sehr schön. Zadek war ruhig. zurückhaltend. er ließ uns viel Raum. hatte großes Vertrauen zu den Schauspielern. Für mich war es ein sehr angenehmes Gruppenerlebnis.

Was ist denn für Sie – wenn man das überhaupt trennen kann – das Wichtigste oder auch Schönste am Theater: der Probenprozess, das gemeinsame Suchen und Finden, oder dann das fertige Ergebnis, das dem Publikum Abend für Abend präsentiert wird?

Ich glaube. das Gemeinschaftserlebnis ist für mich das Zentrale am Theater: wie man gemeinsam etwas entstehen lassen und in der Gemeinsamkeit eine neue Welt entdecken kann – und dass in dieser Verbindung. die uns Schauspieler bereichert. auch noch etwas zustande kommt. was wir dem Publikum schenken können. Ich habe ja auch allein ganze Abende bestritten. einmal in *Orlando*. das andere Mal in *Glückliche Tage* – so anstrengend das auch war. ich habe es als wunderbare Erfahrung erlebt. Und doch war ich immer glücklich hinterher. wenn ich wieder mit den Kollegen gemeinsam auf der Bühne stehen konnte. Nein. es hat mich eigentlich nie gedrängt. allein da vorne zu stehen und zu beweisen. wie gut man das macht. wie toll man ist. Ich bin wohl wirklich ein »Ensembletier«.

Aber ist Ihnen Konkurrenzdenken denn gänzlich fremd? Gab es an der Schaubühne etwa keine Rivalitäten? Ich muss die Frage stellen. weil mir tatsächlich bei allen Gesprächen, die ich mit Ihnen führte. stets auffiel, wie warm, wie anerkennend und ohne jede Missgunst Sie von Leistungen Ihrer Kollegen und Kolleginnen sprechen. Das ist, um es behutsam zu sagen. nicht eben branchenüblich.

Nun. es gab zum Beispiel eine Konkurrenz zwischen Libgart Schwarz und mir – Libgart. die eine wirklich sehr besondere. gute Schauspielerin ist. wollte immer meine Rollen spielen. Einmal schimpfte sie. als ich eine bestimmte Rolle und eine Liebesszene spielte: Weißt du überhaupt. was Liebe ist? Das fand ich schon ziemlich böse. Aber insgesamt war die Atmosphäre im Theater so. dass vor allem nicht hinterrücks rivalisiert wurde. Peter Stein sorgte immer dafür. dass alles ausgesprochen wurde. und er hat erklärt. warum so oder so besetzt wurde.

Zwischen Edith Clever und mir hat es eine solche Rivalität übrigens nie gegeben. Natürlich war da schon mal die eine oder andere Rolle. die wir beide. sie und ich. spielen wollten; ich erinnere mich etwa an *Groß und Klein*. Aber wir haben es gelernt. über eine solche Situation gemeinsam zu reden. und das war gut. Im Übrigen habe ich sie eben auch sehr verehrt und habe sie immer gerne auf der Bühne gesehen. Umgekehrt musste ich nie Angst haben. zu kurz zu kommen – ich hatte ja eine gute Position an der Schaubühne.

Aber jetzt? Sie sprechen auch heute nicht anders von Ihren Kolleginnen, die Sie auf der Bühne sehen.

Das hat einen einfachen Grund: Ich bin immer glücklich. wenn ich gutes Theater sehe.

Ich muss noch einmal auf den harten Einschnitt von 1999 zurückkommen. Sie wollten weitermachen, obwohl Sie wussten, wie rar die großen Rollen waren, die noch auf Sie warteten. Aber es kam doch noch etwas Entscheidendes hinzu: Da war der große Generationenbruch, den die deutsche Bühne in jenen Jahren erlebte, da waren die Veränderungen in fast allen ästhetischen Belangen, die Wendung zur Postdramatik. Zu der persönlich-biographischen Zäsur kam der radikale Wandel am Theater. Trotzdem ließen Sie sich – anders als viele Ihrer gleichaltrigen Theaterkollegen – nicht entmutigen. Warum?

Ich wollte neugierig bleiben, mich umsehen und dieses ganz andere junge Theater kennenlernen. Selbst wenn mir vieles fremd war, manches mich abstieß, vollkommen kalt ließ oder traurig machte. Und ich bin mir sicher, ich habe in diesen zurückliegenden zehn Jahren wirklich etwas gelernt. Bis dahin hatte ich so viel nur geschenkt bekommen: Ich hatte das Glück gehabt, Peter Stein zu begegnen und in der Schaubühne eine Heimat zu finden. Jetzt aber musste ich ganz allein kämpfen, musste selbständig Entscheidungen fällen. Schon das sehe ich positiv.

Man hat Sie damals tatsächlich oft und viel in den Berliner Theatern als Zuschauerin gesehen – und häufig gerade in Häusern und Aufführungen, die nun eben nicht der Traditionspflege oder der Schaubühnen-Nostalgie verdächtig waren. Was waren denn die Erfahrungen jener Besuche, was hat Sie enttäuscht, was hat Sie abgestoßen?

Wenn Texte nur noch als bloßes Material benutzt wurden, das stößt mich ab. Austauschbares Material für Regisseure, die oft willkürlich entscheiden: Das gefällt mir, das gefällt mir nicht, also weg damit oder ein bisschen Musik drauf, ich mach mir jetzt meinen *Hamlet*, so oder so. Diese Beliebigkeit! So oft hatte ich den Eindruck, dass die Regisseure sich wichtiger nahmen als den Text, als die Geschichte, die der Autor erzählen will. Und dann wurde oft so wahnsinnig schnell gesprochen, egal, ob man das versteht oder begreift. Ja, lange Zeit war das so deutlich das Gegenteil von dem, was ich gelernt hatte und was ich liebte. Und irgendwie empfand ich diese Art von Theater wie einen Angriff gegen mich selbst: Ihr sollt alle weg. Ihr seid jetzt nicht mehr interessant. Ihr könnt nach Hause gehen. Nein, das war wirklich kein besonders schönes Gefühl. Gottlob hat sich inzwischen schon manches wieder verändert und manches wieder reduziert.

Lassen Sie uns jetzt konkret auf die Regisseure eingehen, mit denen Sie nach Ihrem Weggang von der Schaubühne zu tun hatten. Von Bondy und Zadek sprachen wir schon, auch Glückliche Tage. *Ihr großes Beckett-Solo an der Wiener Burg, inszeniert von Edith Clever, haben Sie bereits erwähnt.*

Ich habe sehr gern mit Edith Clever gearbeitet – das kann Sie nach dem, was ich vorhin schon über sie sagte, sicher nicht überraschen. Wir haben uns Wort für Wort vorangetastet, waren immer sehr nah am Text und kamen oft zu ganz ähnlichen Einschätzungen. Es wurde uns mit Freude bewusst: Wir kommen aus derselben Schule, stammen aus derselben Welt.

Bald darauf, Ende 2003, hatten Sie die Courage, als Gast an Thomas Ostermeiers »neuer« Schaubühne, an Ihrer alten Arbeitsstätte, aufzutreten. Luk Perceval inszenierte Andromache *nach Racine. Ein Kritiker, der Sie durchaus verehrt, schrieb später über Sie und Ihre Rolle in diesem Stück, das sei ein »Missverständnis« gewesen. Wie sahen Sie das selbst?*

Luk Perceval kam es in dieser Aufführung nicht auf Bewegung oder Ausdruck an, es war ein vollkommen statuarisches Bild, aber eines mit höchster Intensität. Er wollte, dass man in unseren Gesichtern sah, was die anderen sprechen, ohne dass wir irgendwelche Faxen machten, irgendetwas interpretierten. In absoluter Ruhestellung präsent sein, ohne Gestik, ohne Mimik: Das habe ich hier gelernt. Da sein, physisch vorhanden sein, ohne etwas psychologisch auszudrücken. Diese Reduktion war absolut neu für mich, das hatte ich noch nie erlebt. Die Aufführung wuchs von Vorstellung zu Vorstellung, es war für uns alle eine schöne Erfahrung.

Sie mussten auf das gesamte gestische und mimische Repertoire des psychologischen Realismus verzichten – fiel das nicht schwer?

Natürlich war es schwierig und völlig ungewohnt für mich, so viele Ausdrucksmöglichkeiten, die man zur Verfügung hat, nicht einzusetzen. Aber ich konnte dennoch gut mitgehen – und immer spürte ich: Luk Perceval ist ein Suchender. Ich konnte mich ihm anvertrauen.

Es kam dann bald das Angebot von Matthias Hartmann, Sie mit wenigstens einer Produktion pro Spielzeit fest ans Zürcher Schauspielhaus zu verpflichten.

Als das Angebot kam, spürte ich schon, dass ich Lust hatte, mich wieder fester an ein Ensemble zu binden. Allerdings wollte ich auf gar keinen Fall nach Zürich umziehen, meine Heimat ist Berlin, mein ganzes Berufsleben ist mit dieser Stadt verbunden. Matthias Hartmanns Angebot war jedoch großzügig, ich war ihm dankbar dafür, und ich unterschrieb.

Ihre erste Arbeit in Zürich galt Ibsens spätem Schauspiel John Gabriel Borkman. *Sie spielten die Rolle der Zwillingsschwester Ella. Regie führte Barbara Frey.*

Die ich als liebende, leidenschaftliche Regisseurin kennen und schätzen lernte. Sie war immer sehr gut vorbereitet, für mein Bedürfnis allerdings vielleicht ein bisschen zu gut. Was sie als feste Vorstellung schon mitbrachte, konnte sie nach meinem Empfinden nicht immer verbinden mit dem, was sie bei den Proben sah. Ich jedenfalls hatte Schwierigkeiten mit der starken Bestimmtheit. Selbstverständlich gab es immer wieder die Möglichkeit, mit ihr darüber zu sprechen, aber das Bestimmende blieb. Vielleicht wäre es gut gewesen, wir hätten eine zweite Arbeit miteinander machen können.

Dazu kam es allerdings nicht. In der zweiten Spielzeit blieben Sie ohne einen wichtigen Auftrag, Sie spielten nur einige kleine Rollen in einem Robert-Walser-Abend, den Thomas Koerfer als Regisseur betreute.

Koerfer ist ein Filmemacher, und er kennt sich gut aus mit Walser. Es war für mich schön, mich mit diesem Dichter zu beschäftigen. Aber im Grunde waren die Szenen nur hingetupft, eine sympathische Arbeit, aber nicht mehr.

In der folgenden Saison hatten Sie es sonderbarerweise schon wieder mit einem Filmemacher zu tun, Samir, dessen einzige Theatererfahrung in einer – allerdings sehenswerten – Inszenierung von Simon Stephens' Motortown bestand. Ihm vertraute die Zürcher Dramaturgie gleich eines der berühmtesten Dramen der klassischen Moderne an, Tennessee Williams' Glasmenagerie – und Sie spielten darin die große Rolle der Amanda Wingfield, der Mutter.

Samir ist ein lustiger Mensch, und er war auch ganz be-geistert, solche Schauspieler zu haben – aber er hatte zuwenig Theatererfahrung, um sie zu fördern und zu fordern. Auch mit dem Bühnenraum kam er nicht zurecht. So blieb das Ganze wirklich nur ein Versuch, mehr nicht. Das Publikum allerdings mochte die Aufführung durchaus.

Als Beobachter hatte man nie den Eindruck, dass es am Schauspielhaus eine dramaturgische Anstrengung gegeben hätte, für Sie die wichtigen und richtigen Rollen zu finden. Das Ergebnis blieb konturlos. So hat Ihre Bindung an das Zürcher Ensemble leider nicht zu besonderen schauspielerischen Höhenflügen führen können. Worin sehen Sie selbst die Gründe?

Es gab keine Kontinuität mit einem Regisseur, das wechselte von Spielzeit zu Spielzeit. Und die Rollen, die mir angeboten wurden, waren nicht wirklich interessant, bis auf Amanda. Ich kam nur an Rollen und Stücke, wie es sich gerade ergeben hat. Da war vor allem Zufall im Spiel.

Trifft es zu, dass Sie sich nach diesen sehr gemischten Erfahrungen der vergangenen Jahre wieder danach sehnen, mit erfahreneren Regisseuren zu arbeiten, mit Regisseuren, die Sie aus Ihrer früheren Zeit kennen?

Ja, das kann man so sagen. Ich wünsche mir, noch einmal mit Stein oder Bondy zu probieren, vielleicht zum Abschluss meiner Theaterlaufbahn. Ich wünsche es mir sehr.

Gibt es auch konkrete Projekte in näherer Zukunft?

Lesungen stehen mehrere an, das mache ich weiterhin sehr gerne, auch fürs Radio. Mein nächster Bühnenauftritt wird Ende Mai 2010 bei den Festspielen in Recklinghausen sein. Armin Holz will, ausschließlich mit älteren Schauspielern und Schauspielerinnen, Shakespeares *Was ihr wollt* auf die Bühne bringen, ich finde das eine reizvolle Idee. Meine Rolle ist die Olivia. Hans Diehl, Ilse Ritter, Dieter Laser und Markus Boysen werden auch dabei sein.

Gibt es für Sie noch bestimmte Wunschrollen?

Eine Zeitlang dachte ich, ich wollte unbedingt noch die Mutter Tyrone in *Eines langen Tages Reise in die Nacht* spielen. Aber jetzt bin ich doch skeptisch geworden, ich finde den Text inzwischen ziemlich geschwätzig. Man müsste ihn kräftig kürzen. Wenn ein guter Regisseur es sich traute, würde ich es gerne machen. Ein Stück, das mir am Herzen liegt, ist Ibsens *Wenn wir Toten erwachen,* ein Künstlerdrama: für mich gäbe es darin die Rolle der Ehefrau des Bildhauers Rubek. Dieses letzte Drama Ibsens hat sehr viel mit ihm selbst zu tun, es ist bewegend. Ich würde es gerne spielen. Am liebsten wäre es mir, hier in Berlin noch einmal auf der Bühne zu stehen.

Eines interessiert mich nun doch noch sehr. Sie sagten vorhin, Sie spürten in sich eine besondere Neugier auf die jungen Kollegen. Nun stehen die ja meist für ein ganz anderes Theater – jedenfalls nicht für eines, das sich durch große Ehrfurcht vor den Texten auszeichnet, durch Interesse an geistesgeschichtlichen Zusammenhängen oder an psychologischen Begründungen. Insgesamt ist das Theater doch sehr viel physischer, direkter, spielerischer, auch gröber geworden.

Ja, und einiges daran kann ich wirklich nicht schätzen. Ich vermisse viel. Aber trotz der Defizite, die ich registriere, fühle ich bei mir ein uneingeschränktes Interesse für die jungen Kolleginnen und Kollegen. Das ist der Grund, warum ich, solange es zeitlich nur ging, hier in Berlin für die Universität der Künste Schauspielschüler betreut und unterrichtet habe. Und warum ich beim Theatertreffen 2009 die Jurorin sein wollte, die für den Alfred-Kerr-Preis den Nachwuchs sichtet und den Preisträger bzw. die Preisträgerin bestimmt – diese Aufgabe habe ich sehr gerne übernommen. Meine Wahl fiel damals auf Kathleen Morgeneyer – sie hatte mich als Nina in Jürgen Goschs Inszenierung der *Möwe* tief beeindruckt.

Was imponiert Ihnen denn so an den jungen Menschen auf der Bühne?

Die wissen heute deutlicher, was sie wollen. Sie sind anders anwesend, haben eine ganz andere körperliche Präsenz. Diese junge Generation agiert so viel offener, freier, angstfreier, sie ist ganz anders aufgewachsen, wir hatten eine viel strengere Erziehung. Wenn ich mich erinnere, mit welcher Angst – neben allen Glückserwartungen – ich in diesen Beruf gegangen bin …

Ist diese Generation vielleicht auch daher so viel freier im Umgang mit den Stücken? Diese Uneingeschüchtertheit gegenüber den heiligen Texten – kann das im Zweifelsfall nicht auch etwas Befreiendes haben?

Ja, vielleicht – aber doch nur, wenn die Verantwortung gegenüber den Texten nicht verloren geht. Mag ja sein, dass zuviel Demut manchmal zur Last werden kann. Texteingriffe können sinnvoll sein, können sogar Stücke retten und sie wieder glaubwürdig machen. Übrigens haben auch wir an der Schaubühne die Texte nicht generell als sakrosankt betrachtet. Ich erinnere mich durchaus, dass Peter Stein schon mal richtig schimpfen konnte über die eine oder andere Zeile oder Passage und sie dann auch gestrichen hat. Auch die Klassiker haben nicht nur edle Verse geschrieben. Man soll den Text ernst nehmen, aber man muss nicht textgläubig sein.

Wenn Sie über die Jungen reden, hört sich das an, als wollten Sie immerzu nach vorn, erwartungsfroh in die Zukunft blicken. Lassen Sie uns dennoch am Ende dieses Gesprächs noch einmal zurückschauen. Hand aufs Herz: Sie würden also aus den zwiespältigen Erfahrungen dieses letzten Jahrzehnts nicht resümieren: Hätte ich mir doch das alles lieber erspart, hätte ich mir das alles nicht zugemutet?

Nein, auf gar keinen Fall. Trotz mancher Enttäuschungen und Traurigkeiten stehe ich ganz und gar zu meinem Weg,

zur Ablösung von der Schaubühne und zu dem Versuch, auf eigenen Füßen zu stehen. Es war und ist gewiss nicht alles leicht, aber ich lasse mir kein Unglück einreden. Ich beschwere mich nicht, weil ich nicht mehr die strahlenden Erfolge wie zu Zeiten der Schaubühne erlebe. Ich weiß, das waren für mich jetzt nicht mehr die Gipfel der Schauspielkunst – aber ich habe etwas ausprobiert, ich habe mich mit einer neuen Lebenssituation auseinandergesetzt und ich habe Kontakt bekommen zu jüngeren Theaterleuten und deren Theaterverständnis. Für mich kann ich nur sagen: Lieber eine Herausforderung annehmen, auch mit dem Risiko zu scheitern, als einfach nur im Alten, in der Vergangenheit verharren. Es gibt Erfahrungen und Erfolge auch jenseits des Theaters und der Kunst. Ich steh' dazu.

Was ist denn jetzt, nach dem Abschied von den großen Rollen, von der großen Karriere, wichtig geworden im Leben – wichtiger, als es vorher war?

Die Freunde sind wichtiger geworden, ganz eindeutig, vor allem das. Freunde – die hatte man auch früher, in der Zeit fortwährenden, angespannten Theaterspielens, aber man hatte zuwenig Zeit für sie, man konnte nichts für sie tun. Man war eben doch vor allem auf sich selbst konzentriert, da war kaum Platz für anderes und andere. Was ich tun würde, wenn es mit dem Theater ganz aufhört? Sich zurückziehen, nur lesen, nur Musik hören – das wäre meine Sache nicht. Ich brauche doch immer Gemeinschaft, Dialog, Austausch. Es muss jedenfalls mit lebendigen Menschen zu tun haben. Aber ehrlich gesagt, diesen Weg, den ich dann gehen würde, den habe ich noch nicht gefunden.

355

JUTTA LAMPE · Geboren in Flensburg, lebt in Berlin · Schauspielausbildung bei Eduard Marks in Hamburg · Erste Engagements am Staatstheater Wiesbaden und am Nationaltheater Mannheim · 1964 Engagement an das Theater Bremen durch den Intendanten Kurt Hübner. Arbeit mit Rolf Becker, Alfred Kirchner, Peter Zadek, Wilfried Minks und Kurt Hübner · 1967 Beginn der Zusammenarbeit mit Peter Stein · 1969 Wechsel an das Schauspielhaus Zürich gemeinsam mit Peter Stein und einer Gruppe seiner Schauspieler, darunter Edith Clever und Bruno Ganz · 1970/71–1998/99 Engagement an die durch Peter Stein künstlerisch neu ausgerichtete Schaubühne am Halleschen Ufer Berlin, spä-

ter Schaubühne am Lehni- / ner Platz, Arbeit mit Peter Stein, Luc Bondy, Klaus Mi- / chael Grüber, Frank-Patrick Steckel, Wilfried Minks, Me- / redith Monk, u. a. · seither Engagements bei den Salz- / burger Festspielen und am Theater in der Josefstadt, Wien, am Akademietheater Wien, erneut an der Schau- / bühne am Lehniner Platz, am Berliner Ensemble und am Schauspielhaus Zürich, Arbeit mit Luc Bondy, Luca Ronconi, Peter Stein, Andrea Breth, Yoshi Oida, Luc Perceval, Edith Clever, Peter Zadek · Mitwirkung in Spielfilmen, Arbeit mit Margarethe von Trotta, An- / drzej Wajda, Luc Bondy, Peter Stein · zahlreiche Le- / sungen und Produktion von Hörbüchern und Hörspie- / len · Preise (Auswahl) · 1979

Bundesfilmpreis · 1980 Goldener Löwen beim Filmfestival in Venedig, Filmband in Gold beim Deutschen Filmpreis für die Darstellung der *Maria* in Margarethe von Trottas *Schwestern oder Die Balance des Glücks* · 1981 »Phönix« als Beste Darstellerin für ihre *Juliane* in Margarethe von Trottas *Die bleierne Zeit* bei den Filmfestspielen von Venedig · 1988, 1990, 2000 Schauspielerin des Jahres, *Theater heute* · 1992 Berliner Theaterpreis · 1998 Gertrud-Eysoldt-Ring, Orden »Pour le mérite« · 2003 Friedrich-Luft-Preis · 2004 Grimme-Preis in Gold, Stanislawski-Preis des Moskauer Theaterinstituts für ihre Verdienste um das europäische Theater · 2010 Joana-Maria-Gorvin-Preis der Akademie der Künste · Jutta Lampe ist seit 1986 Mitglied der Akademie der Künste.

ROLLENVERZEICHNIS

Theater Bremen

SALLY MIDDLETON
Das Lied der Taube von John van Druten
Regie Hans Rosenhauer a. G.
Bühnenbild und Kostüme Manfred Miller
Premiere 19.6.1963

JULIA
Romeo und Julia von William Shakespeare. Dt. v. August Wilhelm Schlegel. Textfassung Kurt Hübner und Wilfried Minks
Regie Kurt Hübner
Bühnenbild und Kostüme Wilfried Minks
Premiere 26.5.1964

MARIE BEAUMARCHAIS
Clavigo von Johann Wolfgang von Goethe
Regie Rolf Becker
Bühnenbild Adolf Steiof
Kostüme Gisela Spahlinger
Premiere 1.12.1964

MINNA VON BARNHELM
Minna von Barnhelm von Gotthold Ephraim Lessing
Regie Rolf Becker
Bühnenbild und Kostüme Karl-Ernst Herrmann
Premiere 4.3.1965

INA MÜLLER
Frühlings Erwachen von Frank Wedekind
Regie Peter Zadek
Bühnenbild und Kostüme Wilfried Minks
Premiere 12.4.1965

BARBARA
Lügen-Billy von Keith Waterhouse und Willis Hall. Dt. v. Fritz und Dorothea Gotfurt. Dt. EA
Regie Alfred Kirchner/Joachim Preen
Bühnenbild und Kostüme Manfred Miller
Premiere 24.4.1965

BILLIE DAWN
Nicht von gestern von Garson Kanin.
Dt. v. Alfred Polgar
Regie Hans Rosenhauer
Bühnenbild und Kostüme Manfred Miller
Premiere 30.5.1965

ELLEN MANVILLE
Liebe, Liebe von Murray Schisgal.
Übersetzung Rudolf Stoiber
Regie Rolf Becker
Bühnenbild und Kostüme Klaus Gelhaar
Premiere 18.9.1965

ROSEMARY
Seit Adam und Eva von John B. Priestley. Dt. Bühnenfassung Georg Fraser und Jan Franco
Musik Denis Arundel
Regie Alfred Kirchner/Alfred Preen
Bühne und Kostüme Manfred Miller
Premiere 29.9.1965

JANET
Boeing-Boeing von Marc Camoletti.
Dt. v. Elisabeth Cordler und Annelie Hohenemser. Bearbeitung Peter Loos
Regie Horst Loebe
Bühnenbild und Kostüme Manfred Miller
Premiere 10.12.1965

SABINE
Um neun an der Achterbahn von Claus Hammel
Regie Rolf Becker/Joachim Preen
Bühnenbild und Kostüme Rolf Becker/Manfred Miller
Premiere 5.3.1966

SUSANNE
Die kleine Hütte von André Roussin. Dt. v. Hans Adler
Regie Alfred Kirchner
Bühnenbild und Kostüme Klaus Gelhaar
Premiere 30.4.1966

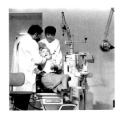

BRIGITTE, GENANNT BIGGI
Vater einer Tochter von Curth Flatow
Regie Alfred Kirchner
Bühnenbild und Kostüme Manfred
Miller
Premiere 14.9.1967

MARIANA
Maß für Maß von William
Shakespeare. Übersetzung.
Bearbeitung Martin Sperr, Mitarbeit
Peter Zadek und Burkhard Mauer
Regie Peter Zadek
Bühnenbild und Kostüme Wilfried
Minks
Premiere 16.9.1967

LADY MILFORD
Kabale und Liebe von Friedrich
Schiller
Regie Peter Stein
Bühnenbild und Kostüme Jürgen Rose
Premiere 7.11.1967

FRAU VON BRIONNE, WITWE
Cyprienne von Victorien Sardou und
E. de Najac. Bühnenbearbeitung Oscar
Regie Alfred Kirchner
Bühnenbild Manfred Miller
Kostüme Susanne Raschig
Premiere 22.12.1967

MARIE-THÉRÈSE
Match von Michel Fermaud. Dt. v.
Ernst Sander
Regie Joachim Preen
Bühnenbild und Kostüme Manfred
Miller
Premiere 13.2.1968

CAROL MELKETT
Komödie im Dunkeln von Peter
Shaffer. Dt. v. Reinhard Günther
Regie Joachim Preen
Bühnenbild und Kostüme Inge
Uhlmann-Völge
Premiere 10.5.1968

EINE BUHLERIN
Komödie der Irrungen von William
Shakespeare. Dt. v. Johann Joachim
Eschenburg
Regie Wilfried Minks/Kurt Hübner
Bühnenbild Wilfried Minks
Kostüme Wilfried Minks/Susanne
Raschig
Premiere 30.9.1968

ELISABETH VON VALOIS
Don Carlos von Friedrich Schiller
Regie Kurt Hübner
Bühnenbild Wilfried Minks
Kostüme Wilfried Minks/Susanne
Raschig
Premiere 26.1.1969

LEONORE VON ESTE
Torquato Tasso von Johann
Wolfgang von Goethe
Regie Peter Stein
Bühnenbild Wilfried Minks
Kostüme Wilfried Minks/Susanne
Raschig
Premiere 30.3.1969

BELLA MANNINGHAM
Gaslicht von Patrick Hamilton. Dt. v.
Guenter Bloecker
Regie Joachim Preen
Bühnenbild und Kostüme Jürgen
Uhlmann
Premiere 17.5.1969

Schauspielhaus Zürich

FLORENCE NIGHTINGALE
Early Morning von Edward Bond.
Übersetzung Christian Enzensberger.
Dt. EA
Regie Peter Stein
Bühnenbild Idee Uwe Lausen/Ausfüh-
rung Günter Kuschmann
Kostüme Susanne Raschig
Premiere 2.10.1969

MARION
Kikeriki von Sean O'Casey. Übersetzung
Helmut Baierl/Hans-Georg Simmgen
Regie Ulrich Heising/Mitarbeit Peter
Stein
Bühnenbild Karl Kneidl
Musik Peter Fischer
Premiere 6.12.1969

MARION/SCHÄTZCHEN/HALLOMENSCH
Szenen aus Frankenstein von Wolfgang
Deichsel. Werkstattaufführung
Inszenierung Alle Beteiligten
Bühnenbild Günter Kuschmann/Ilse
Träbing
Premiere 28.3.1970

Isabella
The Changeling von Thomas Middleton/William Rowley. Übersetzung
Karsten Schälicke. Dt. EA
Regie Peter Stein/Mitarbeit Dieter
Sturm
Bühnenbild Wilfried Minks
Kostüme Susanne Raschig
Premiere 11.6.1970

Schaubühne am Halleschen Ufer

Mascha
Die Mutter von Bertolt Brecht. Nach
dem Roman von Maxim Gorki
Musik Hanns Eisler
Regie Wolfgang Schwiedrzik/Frank-Patrick Steckel/Peter Stein
Bühnenbild Klaus Weiffenbach
Kostüme Joachim Herzog/Susanne
Raschig
Premiere 8.10.1970

Elisabeth Bergner
Der Ritt über den Bodensee von Peter
Handke. Uraufführung
Regie Claus Peymann/Wolfgang Wiens
Bühnenbild Karl-Ernst Herrmann
Kostüme Moidele Bickel/Joachim
Herzog
Premiere 23.1.1971

Solveig. 1. Bauersfrau
Peer Gynt von Henrik Ibsen.
Übersetzungen von Christian
Morgenstern und Georg Schulte-Frohlinde. Bearbeitung Peter Stein und
Botho Strauß
Regie Peter Stein
Bühnenbild Karl-Ernst Herrmann
Kostüme Moidele Bickel/Joachim
Herzog/Susanne Raschig
Musik Peter Fischer
Dramaturgie Dieter Sturm
Premiere 13./14.5.1971

Alte
Das gerettete Venedig von Hugo von
Hofmannsthal
Regie Jan Kauenhowen/Frank-Patrick
Steckel
Bühnenbild Karl-Ernst Herrmann
Kostüme Susanne Raschig
Musik Peter Fischer
Dramaturgie Ellen Hammer/Michael
Pehlke
Premiere 21.11.1971

Erna Schrader. Arbeiterin. Frau von
Paul Schrader: eine von den drei Damen
der besseren Gesellschaft
Märzstürme 1921 (LEUNA) von Wolfgang Schwiedrzik. Noch Otto Gotsche
Regie Wolfgang Schwiedrzik
Bühnenbild Brigitte Friesz/Karl-Ernst
Herrmann
Kostüme Moidele Bickel/Joachim
Herzog
Musik Peter Fischer
Premiere 7.3.1972

Eine der Frauen vom Abschiedsball
Optimistische Tragödie von Wsewolod
Wischnewski. Bearbeitung der Schaubühne nach der Übersetzung von
Friedrich Wolf
Regie Peter Stein
Bühnenbild Klaus Weiffenbach
Kostüme Susanne Raschig
Musik Peter Fischer
Dramaturgie Frank-Patrick Steckel/
Dieter Sturm
Premiere 18.4.1972

Marianne
Geschichten aus dem Wiener Wald von
Ödön von Horváth
Regie Klaus Michael Grüber
Bühnenbild Karl-Ernst Herrmann
Kostüme Moidele Bickel
Dramaturgie Dieter Sturm
Premiere 18.8.1972

Prinzessin Natalie von Oranien
Prinz Friedrich von Homburg von
Heinrich von Kleist
Regie Peter Stein
Bühnenbild Karl-Ernst Herrmann
Kostüme Moidele Bickel
Dramaturgie Botho Strauß
Premiere 4.11.1972

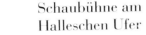

VERA
Die Hypochonder von Botho Strauß
Regie Wilfried Minks
Bühnenbild Wilfried Minks
Kostüme Moidele Bickel/Joachim
Herzog
Dramaturgie Dieter Sturm
Premiere 14.3.1973

LEONIDA
Das Sparschwein von Eugène Labiche.
Übersetzung/Bearbeitung Botho Strauß
Regie Peter Stein
Bühnenbild Karl-Ernst Herrmann
Kostüme Susanne Raschig
Dramaturgie Jean Jourdheuil
Premiere 1.9.1973

SCHAUSPIELERIN
Antikenprojekt I. Erster Abend:
Übungen für Schauspieler
Gesamtleitung Peter Stein
Raum Karl-Ernst Herrmann
Ausstattung/Maske/Kostüme)
Moidele Bickel
Musik Peter Fischer
Atemtechnik/Konzentrationsübungen
Gerd Kaminski
Körpertraining/Rhythmische
Übungen Miloslav Lipinsky
Dramaturgie Frank-Patrick Steckel
Premiere 6.2.1974 Messegelände am
Funkturm. Pavillon B

IM CHOR DER LYDISCHEN BAKCHEN
Antikenprojekt I. Zweiter Abend:
Die Bakchen von Euripides
Bearbeitung der Schaubühne unter
Verwendung der Übersetzung von
Wolfgang Schadewaldt
Regie Klaus Michael Grüber
Bühnenbild Gilles Aillaud/Eduardo
Arroyo
Kostüme Susanne Raschig
Musik Peter Fischer/Igor Strawinski
Dramaturgie Dieter Sturm
Premiere 7.2.1974 Messegelände am
Funkturm. Pavillon B

MARJA LWOWNA
Sommergäste von Maxim Gorki.
Fassung der Schaubühne von Peter
Stein und Botho Strauß
Regie Peter Stein
Bühnenbild Karl-Ernst Herrmann
Kostüme Susanne Raschig
Musik Peter Fischer
Dramaturgie Botho Strauß/Ellen
Hammer
Premiere 22.12.1974

LEKTÜRE 1
Empedokles – Hölderlin lesen. Nach
Friedrich Hölderlin
Regie Klaus Michael Grüber
Bühne Antonio Recalcati
Kostüme Moidele Bickel/Susanne
Raschig
Dramaturgie Dieter Sturm
Premiere 14.12.1975

FRAU CHARLOTTE SONNTAG.
FABRIKBESITZERIN
Die Wupper von Else Lasker-Schüler
Regie Luc Bondy
Bühnenbild Karl-Ernst Herrmann
Kostüme Moidele Bickel/Joachim
Herzog
Musik Peer Raaben
Premiere 6.6.1976

SCHAUSPIELERIN
Shakespeare's memory. 1. Abend
Shakespeare's memory. 2. Abend
Regie Peter Stein
Bühnenbild Karl-Ernst Herrmann
Kostüme Moidele Bickel/Joachim
Herzog/Susanne Raschig
Musik und musikalische Einstudierun-
gen Holger Eichhorn/Ulla
Groenewold/Gerhard Kastner/
Dietrich Stern
Dramaturgie Dieter Sturm
Premiere 22./23.12.1976 CCC-Film-
Studio Spandau-Haselhorst

ROSALIND
Wie es euch gefällt von William Shakespeare. Dt. nach Johann Joachim Eschenburg und August Wilhelm Schlegel
Regie Peter Stein
Bühnenbild Karl-Ernst Herrmann
Kostüme Moidele Bickel
Musik Peter Michael Hamel
Dramaturgie Ellen Hammer/Dieter Sturm
Premiere 20.9.1977 CCC-Film-Studio Spandau-Haselhorst

ELLA, DIE MUTTER
Ella von Herbert Achternbusch
Regie Michael König
Bühnenbild Karl-Ernst Herrmann
Kostüme Moidele Bickel
Premiere 2.4.1978

WISSENSCHAFTLICHE ASSISTENTIN
Groß und Klein von Botho Strauß
Regie Peter Stein
Bühnenbild Karl-Ernst Herrmann
Kostüme Moidele Bickel
Premiere 8.12.1978 CCC-Film-Studio Spandau-Haselhorst

HAUSLEUTE, BERGLEUTE (Teil 1), KÖNIGIN (Teil 2)
Vessel Teil 1 und 2 von Meredith Monk
Regie Meredith Monk
Bühnenbild Tony Giovanetti/Georg Herold
Kostüme Meredith Monk/Yoshio Yabara
Musik Meredith Monk
Premiere 11.7.1980 SO 36/Schaubühne am Halleschen Ufer

HAUSLEUTE
Vessel Teil 3 von Meredith Monk
Regie Meredith Monk
Bühnenbild Tony Giovanetti/Georg Herold
Kostüme Meredith Monk/Yoshio Yabara
Musik Meredith Monk
Premiere 13.7.1980 Anhalter Bahnhof

CHOEPHOREN: IM CHOR DER FRAUEN DES HAUSES. EUMENIDEN: IM CHOR DER ERINYEN, ATHENE
Antikenprojekt II. Die Orestie des Aischylos: Agamemnon/Choephoren/Eumeniden Prosa-Übersetzung Peter Stein
Regie Peter Stein
Bühnenbild Karl-Ernst Herrmann
Kostüme Moidele Bickel
Dramaturgische Mitarbeit Marleen Stoessel/Dieter Sturm
Premiere 18.10.1980 Schaubühne am Halleschen Ufer/Schaubühne am Lehniner Platz

Schaubühne am Lehniner Platz

HERMIANE/MARQUISE
Der Streit/Die Aufrichtigen von Pierre Carlet de Chamblain de Marivaux. Übersetzung Peter Stein/Stephen Tree/Felix Prader
Regie Peter Stein/Felix Prader
Bühnenbild Manfred Dittrich
Kostüme Ilse Träbing
Dramaturgie Dieter Sturm
Premiere 3.11.1981

K
Kalldewey, Farce von Botho Strauß
Regie Luc Bondy
Bühnenbild Karl-Ernst Herrmann
Kostüme Moidele Bickel/Andrea Schmidt-Futterer
Dramaturgie Dieter Sturm
Premiere 19.6.1982

OPHELIA
Hamlet von William Shakespeare. Dt. v. August Wilhelm Schlegel und Johann Joachim Eschenburg
Regie Klaus Michael Grüber
Co-Regie Dieter Sturm
Bühnenbild Gilles Aillaud
Kostüme Moidele Bickel/Andrea Schmidt-Futterer
Premiere 11.12.1982

VERTU
Die Neger von Jean Genet. Dt. v. Peter
Stein
Regie Peter Stein
Bühnenbild Karl-Ernst Herrmann
Kostüme Moidele Bickel
Dramaturgie Dieter Sturm
Premiere 18.6.1983

MASCHA
Drei Schwestern von Anton P.
Tschechow. Dt. v. Gudrun Düwel
Regie Peter Stein
Bühnenbild Karl-Ernst Herrmann
Kostüme Moidele Bickel
Musik Peter Fischer
Dramaturgie Dieter Sturm
Premiere 4.2.1984

TITANIA
Der Park von Botho Strauß
Regie Peter Stein
Bühnenbild Karl-Ernst Herrmann
Kostüme Moidele Bickel/Andrea
Schmidt-Futterer
Musik Peter Fischer
Dramaturgie Dieter Sturm
Premiere 4.11.1984

LEONIDA. PRINZESSIN VON SPARTA UNTER
DEM NAMEN PHOKION
Triumph der Liebe von Pierre Carlet de
Chamblain de Marivaux. Dt. v. Gerda
Scheffel
Regie Luc Bondy
Bühnenbild Karl-Ernst Herrmann
Kostüme Moidele Bickel
Musik Peter Fischer
Dramaturgie Dieter Sturm
Premiere 11.5.1985

SONJA
Schuld und Sühne von Fjodor M.
Dostojewski. Fassung von Andrzej
Wajda. Dt. v. E. K. Rahsin
Regie Andrzej Wajda
Bühne und Kostüm Krystyna Zachwa-
towicz
Premiere 29.11.1986 Probebühne Kreuz-
berg. Cuvrystraße 7

PHÄDRA
Phädra von Jean Racine. In Zusammen-
arbeit mit der Schaubühne revidierte
Übersetzung von Simon Werle
Regie Peter Stein
Bühnenbild Lucio Fanti
Kostüme Moidele Bickel
Dramaturgie Dieter Sturm
Premiere 25.10.1987

EINE STIMME
Die Zeit und das Zimmer von Botho
Strauß. Uraufführung
Regie Luc Bondy
Bühne Richard Peduzzi
Kostüme Susanne Raschig/Dorothée
Uhrmacher
Dramaturgie Dieter Sturm
Premiere 8.2.1989

LJUBOW ANDREJEWNA RANJEWSKAJA
Der Kirschgarten von Anton P.
Tschechow. Dt. Fassung Gudrun
Düwel und Peter Stein
Regie Peter Stein
Bühne Christophe Schubiger
Kostüme Moidele Bickel
Musik Peter Fischer
Dramaturgie Dieter Sturm
Premiere 15.6.1989

ORLANDO
Orlando von Virginia Woolf. Für
die Bühne eingerichtet von Darryl
Pinckney und Robert Wilson. Dt. v.
Brigitte Walitzek
Regie und Bühnenbild Robert Wilson
Kostüme Susanne Raschig
Licht Heinrich Brunke/Robert
Wilson
Musik Hans Peter Kuhn
Dramaturgie Wolfgang Wiens
Premiere 21.11.1989

ALKMENE
Amphitryon von Heinrich von Kleist.
Ein Lustspiel nach Molière
Regie Klaus Michael Grüber
Bühne Gilles Aillaud
Kostüme Rudy Sabounghi
Dramaturgie Dieter Sturm
Premiere 20.3.1991 Hebbel-Theater

ANITA VON SCHASTORF
Schlusschor von Botho Strauß
Regie Luc Bondy
Bühne Erich Wonder
Kostüme Susanne Raschig/Dorothée
Uhrmacher
Dramaturgie Dieter Sturm
Premiere 4.2.1992

ROSIE BÜDESHEIMER
Der Hausbesuch von Rudolf Borchardt
Regie Edith Clever
Bühne Gisbert Jäkel
Kostüme Susanne Raschig
Dramaturgische Mitarbeit Gabriele
Groenewold/Dieter Sturm
Premiere 17.1.1997

Salzburger Festspiele

LILLY GROTH
Das Gleichgewicht von Botho Strauß.
Uraufführung
Regie Luc Bondy
Bühne Karl-Ernst Herrmann
Kostüme Eva Dessecker
Musik Peter Fischer
Dramaturgie Dieter Sturm
Premiere 26.7.1993

ILSE
Die Riesen vom Berge von Luigi
Pirandello. Übersetzung Elke Wendt-
Kummer/Michael Rössner
Regie Luca Ronconi
Bühne Margherita Palli
Kostüme Moidele Bickel
Musik Peter Fischer
Choreografie Elizabeth Clarke
Licht Luigi Saccomandi
Dramaturgie Dieter Sturm
Premiere 25.7.1994

LJUBOW ANDREJEWNA RANJEWSKAJA
Der Kirschgarten von Anton P.
Tschechow
Regie Peter Stein
Bühne Karl-Ernst Herrmann
Kostüme Moidele Bickel
Musik Peter Fischer
Premiere 24.7.1995

Theater in der Josefstadt

AGATHE
Die Ähnlichen von Botho Strauß
Uraufführung
Regie Peter Stein
Bühne Ferdinand Wögerbauer
Kostüme Moidele Bickel
Dramaturgie Dieter Sturm
Premiere 6.6.1998

Schaubühne am Lehniner Platz

CÄCILIE, ANFANGS UNTER DEM NAMEN
MADAME SOMMER
Stella von Johann Wolfgang von
Goethe
Regie Andrea Breth
Bühne Arwed D. Gorella
Kostüme Susanne Raschig
Musik André Werner
Dramaturgie Gabriele Groenewold
Premiere 27.2.1999

363

HELENA
Am Ort. Frauen – Gestalten von Goethe
Textfassung aus Goethe-Stücken von
Edith Clever und Dieter Sturm
Regie Edith Clever
Bühne und Kostüme Susanne Raschig
Dramaturgie Dieter Sturm
Premiere 26.8.1999 in Weimar, 12.9.1999
in Berlin

Schaubühne am Lehniner Platz

MADAME DE MONTREUIL, RENÉES MUTTER
Madame de Sade von Yukio Mishima.
Dt. Fassung Yoshi Oida und Felix Pra-
der
Regie Yoshi Oida
Bühne und Kostüm Tomio Mohri
Dramaturgie Frederik Zeugke
Premiere 6.12.1996

Akademietheater Wien
Koproduktion mit den
Wiener Festwochen

IRINA NIKOLAJEWNA ARKADINA,
SCHAUSPIELERIN
Die Möwe von Anton P. Tschechow. Dt.
v. Ilma Rakusa
Regie Luc Bondy
Bühne Gilles Aillaud
Kostüme Marianne Glittenberg
Musik Gerd Bessler
Dramaturgie Stephan Müller
Premiere 14.5.2000

Berliner Ensemble
Koproduktion mit dem
Akademietheater Wien

WINNIE
Glückliche Tage von Samuel Beckett.
Dt. Übertragung Erika und Elmar
Tophoven
Regie Edith Clever
Bühne Christoff Wiesinger
Kostüme Susanne Raschig
Premiere 22.3.2002

Schaubühne am Lehniner Platz
Koproduktion mit Het Toneel-
huis Antwerpen

ANDROMACHE
Andromache von Luk und Peter
Perceval nach Racine. Aus dem Nieder-
ländischen von Rainer Kersten. Dt. EA
Regie Luk Perceval
Bühne Annette Kurz
Kostüme Ilse Vandenbussche
Dramaturgie Maja Zade
Premiere 3.12.2003

Berliner Ensemble

ELISABETH (LISSIE) KELCH
Die eine und die andere von Botho
Strauß
Regie Luc Bondy
Bühne Karl-Ernst Herrmann
Kostüme Rudy Sabounghi
Musik Martin Schütz
Dramaturgie Dieter Sturm
Premiere 24.3.2005

Schauspielhaus Zürich

ELLA RENTHEIM
John Gabriel Borkman von Henrik
Ibsen. Dt. v. Hinrich Schmidt-Henkel
Regie Barbara Frey
Bühne Bettina Meyer
Kostüme Bettina Meyer/Karoline Weber
Licht Frank Bittermann
Dramaturgie Klaus Missbach
Premiere 15.9.2005

EMMA
Liebestraum von Robert Walser
Uraufführungen und selten Gespieltes
aus dem »Bleistiftgebiet«
Regie Thomas Koerfer
Bühne Martin Dolnik
Kostüme Beatrice von Bomhard
Licht Markus Keusch
Choreografie Julia Heinrichs
Dramaturgie Andreas Erdmann
Premiere 16.12.2006

AMANDA WINGFIELD
Die Glasmenagerie von Tennessee
Williams. Dt. v. Jörn van Dyck
Regie Samir
Bühne Volker Hintermeier
Kostüme Su Bühler
Licht Frank Bittermann
Dramaturgie Klaus Missbach
Premiere 27.10.2007

MRS. BAINES
Major Barbara von Bernard Shaw
Dt. v. Elisabeth Plessen
Regie Peter Zadek
Bühne und Kostüme Karl Kneidl
Licht Rainer Küng
Choreografie Malcolm Goddard
Dramaturgie Bärbel Jaksch
Premiere 4.2.2009

Filme

MARJA LWOWNA
Sommergäste
BR Deutschland 1975. Spielfilm
Regie Peter Stein

MARIA SUNDERMANN
Schwestern oder Die Balance des Glücks
BR Deutschland 1979. Spielfilm
Regie Margarethe von Trotta

WISSENSCHAFTLICHE ASSISTENTIN
Groß und Klein
BR Deutschland 1979/1980. TV-Spielfilm
Regie Peter Stein

JULIANE
Die bleierne Zeit
BR Deutschland 1981. Spielfilm
Regie Margarethe von Trotta

SPRECHER
Zacharias
BR Deutschland 1986. Dokumentarfilm
Regie Irene Dische

FRAU MEINHOLD-AIGNER
Das weite Land
Österreich/BR Deutschland 1986/1987. Spielfilm
Regie Luc Bondy

MARIA LEBJADKIN
Schuld und Sühne
BR Deutschland/Österreich 1988. TV-Film
Regie Andrzej Wajda

RUTH WEINSTEIN
Rosenstraße
BR Deutschland/Niederlande 2002/2003. Spielfilm
Regie Margarethe von Trotta

Lesungen / Auswahl

Briefe von Ingeborg Bachmann
Hausbesuch von Rudolf Bochardt
Bilder meines Lebens von Marianne Feilchenfeldt Breslauer
West-Östlicher Divan von Johann Wolfgang von Goethe, mit Walter Schmidinger
Geschichten aus dem Wiener Wald von Ödon von Horvath
Diotima von Friedrich Hölderlin mit Lev Vinokur, Klavier
Texte von Imre Kertész
Prinz von Homburg von Heinrich von Kleist
Die Betrogene von Thomas Mann
Duineser Elegien von Rainer Maria Rilke
Robert & Clara Schumann Briefwechsel
Venus und Adonis von William Shakespeare
Die Dame mit dem Hündchen von Anton P. Tschechow
Das Lied der triumphierenden Liebe von Iwan Turgenjew
Erzählungen und Märchen von Oscar Wilde
Gedichte, Liebesgedichte von Marina Zwetajewa

Hörbücher, Hörspiele / Auswahl

Savannah Bay von Marguerite Duras, mit Elisabeth Bergner. 1986
Venezianisches Finale von Donna Leon. 1998
Das Foucaultsche Pendel von Umberto Eco. 2003
Leila und Madschnun von Mohammed Ilyas Ibn-Yusuf Nizami. 2004
Venus und Adonis von William Shakespeare. 2007
Liebe in Briefen. 2008
Papst Benedikt XVI. – ein Leben. mit Ingo Langer. 2008

Abbildungen

Umschlag Jutta Lampe im Tschechow-Haus. Melichowo · **Vorsatz** *Der Park*, 1984 · **5** *Weihnachtsmärchen*, Kieler Stadttheater · **7** *Der Kirschgarten*, 1989 · **10** *Die Neger*, 1983 · **21** *Boeing-Boeing*, 1965 · **22–24** *Maß für Maß*, 1967, mit Peter Zadek und Ensemble · **25** *Match*, 1968. *Vater einer Tochter*, 1967, *Seit Adam und Eva*, 1965, *Romeo und Julia*, 1964, *Minna von Barnhelm*, 1965, *Cyprienne*, 1967, *Vater einer Tochter*, 1967, *Lügen-Billy*, 1965 · **26** *Nicht von gestern*, 1965 · **27–28** *Torquato Tasso*, 1969, mit Peter Stein · **29** *Eleonora Duse* · **35–37** *Torquato Tasso*, 1969, mit Edith Clever, Bruno Ganz, Peter Stein · **38–41** *Early Morning*, 1969 · **42/43** *Changeling*, 1970 · **44/45** *Kabale und Liebe*, 1967, mit Edith Clever · **51–55** *Die Mutter*, 1970, mit Michael König, Edith Clever, Therese Giehse, Ensemble der Schaubühne · **56–60** *Der Ritt über den Bodensee*, 1971, mit Otto Sander, Edith Clever, Bruno Ganz, Günter Lampe · **61–68** *Das Sparschwein*, 1973, mit Elke Petri, mit Ingo Lampe, Rüdiger Hacker, Michael König, Elke Petri, Wolf Redl, Otto Sander, mit Rüdiger Hacker, Peter Fitz, mit Rüdiger Hacker, mit Werner Rehm · **69–70, 73–79** *Sommergäste*, 1974, mit Otto Sander, Gerd Wameling, mit Michael König, mit Wolf Redl, Bruno Ganz, Ilse Ritter, Gerd Wameling, Michael König, Werner Rehm, Günter Lampe, Elke Petri, Sabine Andreas, mit Edith Clever, mit Günter Lampe, Michael König, Elke Petri, Werner Rehm, Rüdiger Hacker, Eberhard Feik, Gerd Wameling, Ilse Ritter · **80** *Drei Schwestern*, Theater Wiesbaden · **82** *Drei Schwestern*, Uraufführung Moskau 1901 · **83–90** *Drei Schwestern*, 1984, mit Corinna Kirchhoff, Edith Clever, mit Ernst Stötzner, Corinna Kirchhoff, Edith Clever, Roland Schäfer, Ursula Stampfli, mit Jochen Tovote, Nikolaus Dutsch, mit Nikolaus Dutsch, mit Ernst Stötzner, Corinna Kirchhoff · **93–100** *Drei Schwestern*, 1984, mit Edith Clever, Corinna Kirchhoff, mit Otto Sander, Edith Clever, Werner Rehm, Roland Schäfer, Nikolaus Dutsch, Corinna Kirchhoff, Ernst Stötzner, Jochen Tovote, Tina Engel, Peter Simonischek, Wolf Redl, mit Johanna Hofer, mit Corinna Kirchhoff, Edith Clever, mit Wolf Redl · **103–108** *Drei Schwestern*, 1984, mit Otto Sander, mit Corinna Kirchhoff, Edith Clever, Ensemble · **109–112, 114/115, 119–121** *Der Kirschgarten*, 1995, mit Peter Stein, Ensemble, mit Peter Stein, Willem Menne, mit Peter Simonischek, Michael König, mit Naomi Krauss, mit Peter Simonischek · **113, 116–118, 122/123** *Der Kirschgarten*, 1989 · **125–130** *Die Möwe*, 2000, mit Gert Voss · **132** Stanislawski-Preis für Jutta Lampe, 2004 · **133–136** *Schuld und Sühne*,

1986, mit Stephan Bissmeier, mit Andrzej Wajda · **137–140** *Die bleierne Zeit*, 1981, mit Margarete von Trotta und Barbara Sukowa · **143, 160** mit Edith Clever · **144–146** *Die Hypochonder*, 1973, mit Peter Fitz, Edith Clever · **147–154, 157–159** *Kalldewey, Farce*, 1982, mit Otto Sander, Miriam Goldschmidt, Edith Clever · **155** *Das Sparschwein*, 1973, Figurine Susanne Raschig · **161–167** *Der Park*, 1984, mit Bruno Ganz, Peter Stein · **168–178** *Der Park*, 1984, Figurine Moidele Bickel, mit Corinna Kirchhoff, Ensemble, mit Walter Schmidinger, mit Udo Samel, Corinna Kirchhoff, mit Bruno Ganz · **183–190** *Schlusschor*, 1992, mit Joana Maria Gorvin, mit Christoph Marti, mit Swetlana Schönfeld, Ulrich Haß, Dörte Lyssewski, Uwe Kockisch, Ernst Stötzner, Günter Zschäckel · **193–201** *Das Gleichgewicht*, 1993, mit Fritz Lichtenhahn, mit Luc Bondy, mit Fritz Lichtenhahn, mit Hans-Peter Hallwachs, Ensemble, mit Martin Benrath · **202–210** *Die Ähnlichen*, 1998, mit Dörte Lyssewski, Mirjam Ploteny, mit Robert Hunger-Bühler · **211–222** *Die eine und die andere*, 2005, mit Edith Clever · **223–224, 229** *Prinz Friedrich von Homburg*, 1972, Figurine von Moidele Bickel, mit Otto Sander, Katharina Tüschen, Peter Lühr, Werner Rehm, mit Bruno Ganz, Katharina Tüschen · **230–231** *Amphitryon*, 1991 · **232/233** *Stella*, 1999, mit Jana Becker, Corinna Kirchhoff · **234–243** *Peer Gynt*, 1971, mit Heinrich Giskes, Figurinen von Moidele Bickel, Joachim Herzog und Susanne Raschig, mit Heinrich Giskes, mit Bruno Ganz · **244/245** Subbotnik mit dem Ensemble der Schaubühne, Rückbau Bühne *Der Lohndrücker*, 1974 · **246–255** *Die Neger*, 1983, mit Peter Stein, Moidele Bickel, Udo Samel, Figurine von Moidele Bickel, mit Elke Petri · **256** *Savannah Bay*, 1986, mit Elisabeth Bergner · **257–259** *Geschichten aus dem Wiener Wald*, 1972, mit Mario Scanzoni, Ingo Lampe, Tilo Prückner, Dieter Laser, mit Michael König · **267–269** *Die Orestie*, 1980 · **270/271** *Empedokles – Hölderlin lesen*, 1975, mit Werner Rehm, Bruno Ganz · **272–274** *Shakespeare's memory*, 1976 · **277–279, 281–283, 289** *Wie es euch gefällt*, 1977, mit Tina Engel, Werner Rehm, Rüdiger Hacker · **291** *Hamlet*, 1982 · **292** *Der Streit/Die Aufrichtigen*, 1981 · **294–305** *Triumph der Liebe*, 1985, mit Libgart Schwarz, mit Thomas Holtzmann · **307–322** *Orlando*, 1989, mit Robert Wilson · **323–334** *Phädra*, 1987, mit Peter Stein, Aquarell von Moidele Bickel · **335–344** *Hausbesuch*, 1997 · **345** *Ella*, 1978 · **346–347** *Glückliche Tage*, 2002 · **Nachsatz** *Triumph der Liebe*, 1985

Textnachweis

Umschlag Jutta Lampe, Ich habe Peter Stein am Bremer Theater … In: R. Schieb, *Peter Stein ein Portrait*. Berlin 2005, Seite 52 (fortan: Schieb, Peter Stein)

15ff. Botho Strauß, »Was macht ihr denn da?«. Über Jutta Lampe und unser Theater. Laudatio zur Verleihung des Joana-Maria-Gorvin-Preises der Akademie der Künste an Jutta Lampe, 15. Mai 2010. Originalbeitrag

29 Eleonora Duse, Spielen? In: E. Duse, *Briefe*. Hg. O. Resnevic-Signorelli. Übers. Gertrude de Rességuir. Gütersloh 1952, S. 17–18

30 Christian Meier, »Schauspieler gewinnen die Herzen … In: Programmheft des Salzburger Landestheaters, 1992

31 Peter Iden, Jutta Lampe zeigt die erschöpfte Introversion eines Systems (Auszug). In: V. Canaris (Hg.), *Goethe u. a. Torquato Tasso, Regiebuch der Bremer Inszenierung*. Frankfurt am Main 1970, S. 168–170

32 Jutta Lampe, Brief an Kurt Hübner. In: D. N. Schmidt, *Kurt Hübner. Von der Leidenschaft eines Theatermenschen*. Berlin 2006, S. 120–121

33f. Jutta Lampe, Mein erster Eindruck beim Lesen von Tasso …. Akademie der Künste, Berlin, Franz-Gauker-Archiv. Blatt 03r, 03v; vollständiges Faksimile des 12-seitigen Manuskripts auf der Innenseite des Schutzumschlags

47 Peter Stein, Ich meine, daß die Grundvoraussetzung … (Aus einem Gespräch zwischen Peter Stein, Dieter Sturm und Jack Zipes, 6./7. Juni 1977). In: J. Fiebach, H. Schramm (Hg.), *Kreativität und Dialog. Theaterversuche der 70er Jahre in Westeuropa*. Berlin 1983, S. 252–253. (fortan: Kreativität und Dialog)

48 Dieter Sturm, Ein stetig arbeitendes Ensembletheater … (Aus einem unveröffentlichten Gespräch zwischen Dieter Sturm und Thomas Oberender, 2002)

49 Eleonora Duse, Eine Zeit liebte ich … In: E. Duse, *Briefe*. Hg. O. Resnevic-Signorelli. Gütersloh 1952. S. 55

49 Jutta Lampe, Ich habe es mir … (Aus einem Gespräch zwischen Jutta Lampe und Ingeborg Weber). In: H.-J. Weber, I. Weber, M. von Trotta. *Die bleierne Zeit*. Frankfurt am Main 1990. S. 94

71 Botho Strauß, In den ersten Minuten … (Auszug). In: Kreativität und Dialog, S. 210; zuerst in *Sommergäste*. Programmbuch der Schaubühnen-Inszenierung. Berlin 1974/75

72 Jutta Lampe, Die Rußland-Begeisterung … In: Schieb, Peter Stein. S. 326 u. 340–341

72 Konstantin S. Stanislawski, Die Bedeutung des *körperlichen Lebens* … In: K. S. Stanislawski. *Die Arbeit des Schauspielers an der Rolle*. Fragmente eines Buches. Berlin 1983. S. 39

81f. Konstantin S. Stanislawski, Nach der ersten Lesung … In: K. S. Stanislawski. *Mein Leben in der Kunst*. Übers. Klaus Roose. Berlin 1951. Seite 390–401 *(Drei Schwestern)*

91f. Michael Merschmeier, Prinzessin und Punk, Prinzipalin und Primadonna (Auszug). In: *Theater heute* (1994) 12. Dezember. S. 13 u. 16

101f. Hanns Zischler, »Ich habe es so lebendig im Ohr«. Mit Jutta Lampe Marina Zwetajewa lesen. Originalbeitrag

131 Peter Stein. Das Tolle beim Menschen … (Aus einem Gespräch zwischen Peter Stein und Beatrice Schlag). In: Kreativität und Dialog. S. 263–264; zuerst in *Theater heute*. Heft 1/1979

141 Margarethe von Trotta. Ich erinnere mich … Originalbeitrag

155 Ivan Nagel. Ansprache und Bekenntnis. Originalbeitrag

156 Jutta Lampe. Dort wollte ich bleiben. In: Th. Oberender (Hg.). *Unüberwindliche Nähe. Texte über Botho Strauß*. Berlin 2004. S. 121

165 Walter Schmidinger. In Peter Steins Strauß-Inszenierung … In: W. Schmidinger. *Angst vor dem Glück*. Hg. Stephan Suschke. Berlin 2003. S. 161–162

179 Peter Stein. Für mich privat ist es … (Aus einem Gespräch zwischen Peter Stein und Beatrice Schlag). In: Kreativität und Dialog. S. 263

180 Dieter Sturm. Das heißt, das Theater, von dem ich rede …. (Aus einem unveröffentlichten Gespräch zwischen Dieter Sturm und Thomas Oberender. 2002)

181 Peter Stein. Dieses Theater könnte … (Aus einem Gespräch zwischen Peter Stein und Beatrice Schlag). In: Kreativität und Dialog. S. 266–267; zuerst in *Theater heute*. Heft 1/1979

182 Louis Jouvet. Was ist eigentlich das Theater … In: L. Jouvet. *Hör zu, mein Freund. Gedanken zum Theater*. Zürich 1968. S. 49 u. 51

191 Jutta Lampe an Joana Maria Gorvin. Berlin 4.2.1992. In: E. Fuhrich, D. Wünsche. (Hg.). Joana Maria Gorvin. Eine Dokumentation. München 1995. S. 199

213ff. Botho Strauß. *Die eine und die andere. Szene 5*. In: Berliner Ensemble. Programmheft Nr. 64. S. 31–35

225 Heinrich von Kleist an Marie von Kleist. In: Prinz Friedrich von Homburg. Programmheft der Schaubühne 1972

226 Jutta Lampe. Faszinierend war für mich … In: Schieb. Peter Stein. S. 409

227 Alfred Brendel. Uns gemeinsam. Einer Schauspielerin. In: A. Brendel. Nach dem Schlussakkord. München 2010. S. 18–19 .

237 Roland H. Wiegenstein. Immer sie selbst, immer eine andere (Auszug). In: *Berliner Morgenpost*. 23.11.2003

239f. Norbert Miller. Albumblatt für Jutta Lampe. Originalbeitrag

261f. Athene, Höre jetzt … In: Orestie. Programmheft der Schaubühne 1980

263 Christian Meier. Berlin. 18. Oktober 1980. Originalbeitrag

264f. Christian Meier, In dem Moment, in dem Orest … In: Ch. Meier. *Politik und Anmut*. Berlin 1985. S. 11–12 u. 16–17

266 Dieter Sturm. Ich habe meine Arbeit … (Aus einem Gespräch zwischen Peter Stein, Dieter Sturm und Jack Zipes, 6./7. Juni 1977). In: Kreativität und Dialog. S. 251

275 Matthias Lilienthal. Originalbeitrag

276 Tilman Krause, Einstiegsdroge Rosalind (Auszug). In: *Berliner Morgenpost*. 3.12.2003

285 Jutta Lampe. Rosalind war mir eigentlich sehr fremd … In: Schieb. Peter Stein. S. 232–234; zuerst in *Theater heute* 13/1978

287 Dieter Sturm. Ich beispielsweise … (Aus einem unveröffentlichten Gespräch zwischen Dieter Sturm und und Thomas Oberender. 2002)

288 Peter Stein. Wir wollten ein solch »grünes« Stück … (Aus einem Gespräch zwischen Peter Stein und Beatrice Schlag). In: Kreativität und Dialog. S. 264–265

297 Larvatus prodeo. In: Triumph der Liebe. Programmheft der Schaubühne. 1985

299 Luc Bondy. Ich mag Schauspieler nicht, die … In: L. Bondy. *Fest des Augenblicks*. Salzburg. Wien 1997. S. 78–79

300 Peter Stein. Ja, die Gescheitheit von Schauspielern … (Aus einem Gespräch zwischen Peter Stein, Franz Rueb, Frank-Patrick Steckel und Oskar Neumann). In: Kreativität und Dialog. S. 184; zuerst in: *Kürbiskern*. Heft 2/1973

309 Robert Wilson. Originalbeitrag

311 Joachim Fiebach. Orlando. Originalbeitrag

312 Peter Iden. So viele Leben in einem (Auszug). In: *THEATER 1990*. Jahrbuch der Zeitschrift *Theater heute*. S. 101

325 Louis Jouvet. Der sogenannte natürliche Ausdruck … In: L. Jouvet. *Hör zu, mein Freund. Gedanken zum Theater*. Zürich 1968. S. 38–39

326f. Louis Jouvet. All dies ist … (Aus: Ein Schauspieler hat zu mir gesagt). In: A. N. Ostrowski. Wald. Berlin 1982. S. 99–101

327 Louis Jouvet. Und die Echtheit … In: L. Jouvet. *Hör zu, mein Freund. Gedanken zum Theater*. Zürich 1968. S. 45–48. Jutta Lampe verlas einige der hier abgedruckten Texte von Louis Jouvet in ihrer Dankesrede bei der Verleihung des Berliner Theaterpreises 1992.

337 Peter Raue. Jutta Lampe – Im Spiegel der Erinnerung. Laudatio anlässlich der Hommage für Jutta Lampe in der Konrad-Adenauer-Stiftung. 18.1.2006

348 Günther Rühle. Jutta! Originalbeitrag

349ff. »Ich steh' dazu!« Jutta Lampe im Gespräch mit Gerhard Jörder. 2010. Originalbeitrag

Den folgenden Verlagen danken wir für ihre freundliche Genehmigung zum Abdruck der Texte: Alexander Verlag Berlin; Axel Springer AG; Berliner Morgenpost; Berlin Verlag, Berlin; Berliner Verlag GmbH, Berlin, Berliner Zeitung; C. Bertelsmann, München; Carl Hanser Verlag, München; Fazit-Stiftung, Frankfurt am Main, Frankfurter Allgemeine Zeitung; Fischer Taschenbuch Verlag, Frankfurt am Main; Friedrich Berlin Verlag, Berlin; Henschel Verlag in der Seemann Henschel GmbH & Co. KG; Residenz Verlag, Salzburg und Wien; Siedler Verlag, München; Suhrkamp Verlag, Berlin; Verlag Bruno Henschel und Sohn, Berlin; Verlag Theater der Zeit, Berlin. Die Schreibung der Texte folgt den erwähnten Vorlagen.

Fotonachweis

Akademie der Künste, Berlin, Sammlung Franz Gauker
Schutzumschlag innen. 22/23. 33/34. 256

Photo-Binder 14

Wilfried Böing. Nachlass 7. 113. 116–118. 122/123

Volker Canaris 27. 28

Rosemarie Clausen 11

Haendler-Krah 5

Helga Kneidl. Deutsches Theatermuseum München 61–68. 70. 73–79. 144–146. 224. 229. 257–259. 267–271

Artur Laskus 21. 24–26. 44/45

Gabriele Pagenstecher 25

Privat 14. 30. 46. 49. 50. 69. 80. 124.156. 260. 280. 290. 293. 306. 356

Abisag Tüllmann. Deutsches Theatermuseum München 52–60. 234–236. 241–243

Bernd Uhlig 109–112. 114/115. 119–121. 232/233

Günter Vierow 35–37

Ruth Walz Umschlag. Vorsatz. 6. 8–10. 12–13. 51. 83–90. 93–100. 103–108. 125–130. 133–136. 143. 147–154. 157–178. 183–190. 193–212. 217–222. 230. 231. 244–255. 272–274. 277–279. 281–284. 289. 291. 292. 294–296. 301–305. 307. 308. 312–324. 329–336. 343–347. Nachsatz

Fritz Wolle 25

Leonard Zubler 38–43

Mit besonderer Unterstützung durch

Deutsche Bank
IMAF (International Music and Art Foundation)
Dahl & Partner Vermögensverwaltung AG
Waldtraut Braun
Peter Raue

Dank an
Schaubühne am Lehniner Platz, Jürgen Schitthelm · Sabine Ganz
Franz Gauker
Stephan Dörschel, Sabine Hagen, Talina Rinke und Rosa Stehle

Impressum
Grafische Gestaltung Karl-Ernst Herrmann
Layout Therese Schneider, Berlin
Redaktion, Lektorat Julia Bernhard
Lithografie Bild1Druck, Berlin
Druck Medialis Offsetdruck GmbH, Berlin
Bindung Leipziger Kunst- und Verlagsbuchbinderei GmbH

© 2010, Akademie der Künste, Berlin, Fotografen, Autoren,
Künstler, Verlage

Die Akademie der Künste wird gefördert vom Beauftragten
der Bundesregierung für Kultur und Medien aufgrund eines Beschlusses
des Deutschen Bundestages.

www.adk.de
ISBN 978-3-88331-150-0